JN439375

020

강마을 편지

이선애 수필집

도서출판 경남

차례

표지그림 | 김완규 作 〈하경夏景〉

세 번째 편 지

네 번째 편 지

시작하는 글

그곳은 푸른 대나무 잎들이 바람을 타고 쇄아쇄아 빗소리를 내고 있었습니다. 옆으로 청미래덩굴 붉은 열매가 말라가고, 커다란 신갈나무 아래 늙은 멧돼지가 연한 뿌리를 찾아 뒤집어 놓은 모습이 보였습니다. 마른 솔잎이 수북한 산길은 미끄러웠습니다. 문필봉이 보이는 윗대 할아버지 산소를 찾은 날은 늦가을이었습니다. 첫 수필집을 내리라 마음을 먹고는 누군가를 만나고 싶었습니다. 조금 미진한 이 마음 한 자락을 잡아맬 수 있는 곳이 필요하였습니다. 그곳이 어디인지 모르고 자꾸만 생각이 흩어질 즈음, 기억할 수 있었습니다. 문필봉, 문필봉이 보이는 그곳이었습니다.

어린 날 제게 들려주시던 큰집 할머니 이야기 속에 나오던 곳이었습니다. "우리 집안에 유난히 교사가 많은 것은 멀리 문필봉이 보이는 곳에 자리 잡은 윗대 할아버지 묏자리 덕분이란다. 문필봉의 영향으로 후손 중 글재주가 좋은 사람이 나온단다." 가물가물 쏟아지는 잠 속에서 할머니 이야기를 들으며 마음속에 씨앗 하나를 심었습니다. 그 씨앗에 물을 주고 거름을 내고 키워오면서도 무엇인지 몰랐습니다. 제 마음속에 품었던 씨앗이 자라 이제 한 권의 책이 되었습니다.

제 글은 남강이 보이는 시골중학교에서 머루빛 눈동자를 빛내는 아이들의 자잘한 일상과 매일 새로운 모습을 보여주는 주변 자연에 대한 이야기입니다. 첫 수필집으로 묶은 《강마을 편지》를 두려움을 안고 세상을 향해 보냅니다. 그동안 수필의 세계에 발을 디딜 수 있도록 가르침을 주신 권대근 교수님, 진심으로 감사드립니다. 교수님과의 만남은 일상적 글쓰기에 머물러 있던 제게 전문 수필을 쓸 수 있는 이론적 바탕과 철학적 사유가 되었습니다. 다시 한번 감사드립니다.

늘 저를 향해 피는 눈부신 봄꽃 같고, 바람에 나부끼는 푸른 잎 같은 우리 학생들에게 고마운 마음을 전합니다. 교실 문을 열고 아이들의 눈 속으로 걸어 들어갈 때면 참 행복합니다. 그래서 매일 아침 학교로 가는 길이 늘 즐거웠습니다. 아침에 길어온 산골 물같이 싱그럽게 웃어주는 아이들이 있어 제 삶이 아름다웠습니다. 이 책은 강마을에서 보내는 편지로 엮어진 수필집입니다. 제가 사랑하는 강마을의 아름다운 풍경과 감성을 읽으시는 분들과 함께 나누고 싶습니다.

제 첫 수필집을 내도록 도움을 주신 많은 분들이 떠오릅니다.

지금은 제 곁에 계시지 않는 무자 열자 쓰시는 제 아버지, 김영상 시아버님이 생각납니다. 많이 사랑하고 아껴주셨습니다. 먼 곳에서 두 분이 함께 기뻐하실 것이라 믿습니다. 어머니와 시어머님, 많은 가족들이 저를 응원해 주셨습니다. '자네, 글이 참 좋네!' 이 말씀으로 큰 위안을 주신 조규익 교수님과 고등학교 은사님이신 안근숙 · 김경련 선생님 그리고 큰 스승이신 금강정토사 자원 스님, 늘 감사합니다. 제 글을 읽고 늘 따뜻한 말로 힘을 준 많은 벗들이 생각납니다. 제가 근무하는 지정중학교의 강강원 교장선생님, 이재현 행정실장님을 비롯한 모든 선생님께 감사드립니다. 본격수필가협회의 문우들과 책이 나오기까지 늘 격려해 주신 이종규 작가님을 비롯한 본격수필가협회 남부지부 작가님들께 고마움을 전합니다.

마지막으로 언제나 따뜻한 울타리가 되어 준 남편과 엄마의 글쓰기에 많은 힘을 준 범수, 준수 두 아들에게 사랑을 보냅니다.

2015년 2월 강마을에서

이 선 애 드림

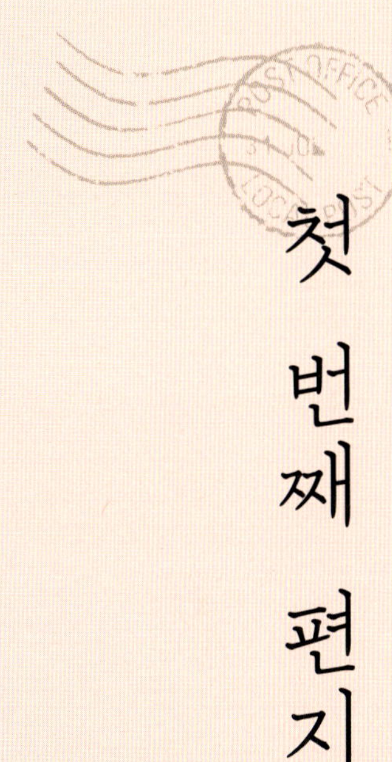

첫 번째 편지

물푸레나무 같은

난만한 봄 풍경이 펼쳐진 강마을의 봄은 바람결에 향기로움이 폴폴 날릴 듯합니다. 분홍빛 복사꽃이 화사한 웃음으로 아침 인사를 하고, 휘황한 꽃무리가 가뭇없이 사라진 벚나무는 어느새 새잎을 달고 있습니다. 이네들의 건강한 생명력으로 봄은 꽃향으로 가득합니다. 이 아이들이 요즘 봄을 알리기에 한창 바쁘나 봅니다.

눈부신 햇살이 쏟아지는 교정에서 저는 오늘 봄과 같이 공부하고, 같이 시를 읽고, 함께 밥을 먹었습니다. 봄은 제 곁에서 가끔은 어깨를 감싸 안기도 하고, 심술이 늘어난 제 마음을 들여다보고 혀를 끌끌 차기도 하다가 어느새 코를 박고 책상 모서리에서 잠을 잡니다. 잘 다듬어진 화단엔 순하디순한, 여리디여린 새 순들의 화음이 아지랑이로 피어오릅니다. 어느덧 봉긋한 봉우리가 즐비한 나뭇가지에서 속살을 살포시 열고 있습니다. 제 스스로 때를 기다려 생명을 키워 가는 모습이 대견스럽습니다. 오묘한 자연의 섭리 앞에서 숙연한 느낌마저 듭니다. 이렇듯 정결함과 자연의 신비에 대한 깊은 애착은 어쩌면 보편적인 여심의 발로인지 모르겠습니다.

시골 어디서나 흔히 볼 수 있는 이른 봄의 민들레꽃이 귀엽고 앙증스런 꽃잎을 열고 있습니다. 보이지 않는 잔바람에 꽃잎이 옆에 있는 잡풀에게 귓속말이라도 전하는 걸까요. 소곤대듯 살풋 고개 숙인 풀꽃이 귀를 세웁니다. 학교 화단에 지천으로 핀 민들레꽃 몇 송이 따서 책갈피에 넣어 마른 꽃잎을 엽서에 붙여서 친구들에게 보냈습니다. 한 켠에 오규원의 〈한 잎의 여자〉를 함께 썼습니다.

> 나는 한 여자女子를 사랑했네. 물푸레나무 한 잎같이 쬐그만 여자女子, 그 한 잎의 여자女子를 사랑했네. 물푸레나무 그 한 잎의 솜털, 그 한 잎의 맑음, 그 한 잎의 영혼, 그 한 잎의 눈, 그리고 바람이 불면 보일 듯 보일 듯한 그 한 잎의 순결과 자유를 사랑했네.
>
> —오규원 〈한 잎의 여자〉

'물푸레나무 한 잎' 이라는 말이 마음에 푸른 낙인을 만들었습니다. 물푸레나무는 말 그대로 잘라서 물에 넣으면 물을 푸르게 만들어서 물푸레나무입니다. 한국의 산야에 흔한 이 나무의 가지를 잘라 물에 담가 두면 파아란 가을 하늘색으로 물을 푸르게 만든다고 합니다.

물푸레나무처럼 그렇게 영혼이 맑고 푸른 사람이 제게 있었습니다. 손가락을 대면 푸른 물감이 번져 나올 듯 푸른 영혼을 가진 벗을 생각하였습니다. 십여 년 전 오랜 벗이 출가하였습니다. 고등학교 시절을 함께 보낸 벗은 대학을 졸업하고 어느 작은 암자에 마음을 밝히고 있었습니다. 그리고 저는 그 벗을 찾아가 학생회를 지도하였습니다. 맑은 눈매의 아이들과 법당에서 절을 하고 경전을 공부하고 차를 함께 마셨습니다. 노오란 꽃창포처럼 자지러지는 웃음 가진 푸른 아이들, 그리고 더 푸른 영혼의 벗이 있어 참 행복한 시절이었습니다.

어느 봄날 벗이 더 먼 곳으로 출가하기 전날, 우리는 늦은 밤까지 말없이 차를 마셨습니다. 대웅전의 풍경 소리가 찻잔에 자맥질을 하였습니다. 이따금 잠 없는 마을의 개가 짖기도 하던 별빛 눈부신 시간이었습니다. 찻잔의 맑은 향기와 벗의 그윽한 눈매가 어우러지는 그 밤을 뒤로하고 벗은 자유를 찾아 떠났습니다. 벗은 '색즉시공 공즉시색'의 진리를 생각했나 봅니다. 아름다운 꽃 피고 녹음 우거진 나무도 겨울이면 앙상한 빈 가지뿐, 그렇게 형체가 없어지지만 봄이 되면 그 공에서 다시 새싹이 나오니 어찌 없는 것이라 하겠습니까. 생과 사는 끝없이 반복되는 것, 죽음은 끝이 아니고 새로운 시작이란 마음으로 벗은 새롭게 태어나고 싶었나 봅니다.

며칠 전 바람결에 벗이 소식을 전해왔습니다. 인도를 다녀왔다면서 보내준 푸른 스카프 한 장을 받아들고 저는 물푸레나무를 생각하였습니다. 자유로운 벗은 작은 가지 끝을 물에 담그면 가을 하늘처럼 파아란 물감을 쏟아내는 물푸레나무처럼 푸른 마음으로 푸르게 푸르게 살아갈 것이라 믿었습니다. 무엇보다도 마음껏 하늘을 볼 수 있고, 구름을 만날 수 있고, 별들과 대화를 나눌 수 있어서 좋을 것입니다. 오직 진리를 찾아 치열한 구도의 삶을 살아갈 벗의 일상을 그려봅니다. 아침에는 태양을 맞아 그 찬란한 빛의 은혜 속에

생의 의미를 일깨우고, 저녁에는 청정한 바람 소리에 존재의 소중함을 느끼리라 생각합니다. 향기로운 봄 풍경 앞에 푸른 기운이 느껴지는 것은 어쩌면 벗이 보내준 스카프의 푸른 물감에 제 마음을 물들여서일까요.

강기슭에 푸른 물푸레나무 한 그루가 보입니다. 내면으로 더욱 깊숙이 침잠되며 내 속으로 꽃의 말을 불러들입니다. 그들과 대화를 나누며 그들의 응답을 들을 수 있었습니다. 벗의 화신인 물푸레나무도 내 말을 알아듣는 듯 고개를 흔듭니다. 흰 줄기 사이로 새잎이 나기 시작하였습니다. 새잎의 이야기를 들으려고 귀를 기울입니다. 봄이 익어가나 봅니다.

춘향, 그 자유로운 영혼

강마을의 가을은 눈부신 푸른색입니다. 하늘을 들여다보면 내 몸의 땀구멍 하나하나에서 푸른 샘이 솟아날 듯합니다. 그리고 물색 고운 비단치마를 입고 푸른 인어처럼 그네를 뛰던 춘향의 모습이 아른거립니다.

중학교 삼학년 국어 시간에 고전소설 《춘향전》을 공부하였습니다. 그 내용은 변사또의 수청을 거절한 춘향은 감옥에 갇혀 있고, 이몽룡은 암행어사가 되어 남원으로 옵니다. 신분을 속이기 위해 거지 행색을 하고 춘향의 집에 당도하여 보니, 푸른 벽오동이 추레하게 서 있고, 대문에 자신의 손으로 써 붙였던 충성 충(忠)자가 바람에 나부낍니다. 가운데 중中는 어디가고 마음 심心만 남아 있다고 한탄하는 이도령은 춘향에 대한 자신의 마음이 변하지 않았음을 일깨우며 장모 월매를 만나지만 초라한 행색에 구박을 받습니다. 하지만 춘향은 감옥 속에서 자신을 만나러 온 이도령의 걸인 같은 처지에도 원망하지 않고 변하지 않는 마음으로 자신의 모든 것을 팔아 이도령에게 잘하라고 어머니께 간청합니다.

《춘향전》을 읽은 학생들은 춘향의 마음이 이해되지 않는 표정입니다. 신분 사회가 아닌 현대의 학생들이 기생의 딸 춘향과 사또의 아들 이도령의 사랑과 생각을 따라가기에는 시대 차이가 많이 납니다. 학생들에게 질문을 하였습니다.

"여러분이라면 춘향처럼 사랑을 위해 이도령을 기다리며 변사또의 수청을 거절하고 목숨이 위태로운 지경에서도 견딜 수 있을까요?"

학생들은 저마다 자기 생각을 이야기합니다. 서울로 올라가서 소식을 전하지 않은 이도령이 나쁘다는 것부터 여자에게 힘으로 수청을 들라고 하는 변사또가 잘못되었다는 이야기며, 만약 이도령이 암행어사가 되지 않았으면 춘향은 어떻게 되겠느냐는 학생도 있으며, 춘향이 사랑을 택한 것은 올바른 행동이다는 등 의견이 분분합니다.

현대의 사랑은 어떤 것일까요? 요즘 드라마를 통해 보이는 사랑들은 지고지순한 것이 아니라, 상대방을 만나 서로를 탐색하는 시기인 '썸[1]'을 타고 난 뒤 22일 되면 '투투', 백 일째는 백일기념식을 하는 것이 당연하다고 생각합니다. 남자 친구는 장미꽃과 선물을 준비하고 이벤트를 하여 여자 친구를 행복하게 하여야겠지요.

1 어떤 이성 친구를 사귀는 것은 아니지만 사귀려고 관계를 가져나가는 단계를 말한다. '썸'이란, 여자와 남자가 서로 사귀려고 서로 알아가는 시기를 말한다. 최근 2014년 대중가수 정기고와 소유가 부른 같은 제목의 노래가 있으며 그 후 더욱 확실한 유행어로 자리 잡았다.

여자 친구는 이 아름다운 사랑의 장면을 사진으로 남기고 SNS를 통해 사람들에게 널리 알려 자신의 행복을 광고합니다. 자신의 행복과 사랑이 타자의 부러움이 되어야 만족한 연애이고, 재력과 미모가 사랑을 이루기 위한 권력이 됩니다.

사랑의 주인은 사랑을 하는 두 남녀입니다. 그런데 끝없이 누군가와 비교하고 다른 이의 시선을 의식한다면 우리는 바른 사랑을 하는 것일까요? 사랑이란 식물이 열매를 맺기 위해 암꽃이 수꽃의 꽃가루와 만나 수정을 하듯, 자신과 다른 이를 만나 자연스럽게 마음을 열고, 몸을 열고 나아가 우주의 기운을 받아들여 자연과 하나 되는 것입니다. 꽃이 피듯, 새가 울듯 저절로 그러한 자연스러운 것입니다. 설혹, 내 사랑이 이루어지지 않더라도 그것 또한 자연스럽게 치유되고, 치유되면 다른 사랑이 찾아오는 것입니다.

춘향의 사랑은 당당합니다. 조선 시대에는 어미의 신분이 자녀에게 세습되는 종모법從母法에 따라야 합니다. 어머니가 기생인 춘향의 신분은 조선의 법률상으로는 기생이 되어야 합니다. 사또가 춘향의 출신을 문제 삼아 기생이라고 우긴다면 어쩌면 할 말이 없는 상황입니다. 당당한 춘향이 과연 그런 사실을 몰랐을까요? 아닐 것입니다. 이별의 상황에서도 참 대단하게 표현하는 여인입니다. 이도령이 자신을 두고 아버지를 따라 한양으로 올라가야 하는 상황에서 춘향의 대처는 가관이었습니다. 온갖 난리를 치면서 이도령을 물어뜯고 옷을 찢는 등 절대 현모양처라고 볼 수 없는 행동을 합니다. 학생들에게 춘향의 이런 행동을 이야기하니 오히려 인간적이고 재미있다는 평가를 합니다. 학생들은 춘향의 이런 솔직한 행동을 이해하고 오히려 내숭녀가 아닌 매력녀로 평가합니다. 《춘향전》 전

편을 다 읽어보고 싶다며 도서관에 춘향전이 있느냐는 질문까지 합니다.

춘향은 자기 사랑의 주인이 자신임을 인식한 자기주도적인 여인입니다. 제 몸의 주인이 자신이고, 제 사랑의 주인이 자신이기에 변사또가 생명의 위협과 물질적 유혹을 하여도 당당하게 맞설 수 있었던 것입니다. 자기 몸으로 자기가 원하는 사랑을 하겠다는 것입니다. 권력이라도 자신을 가질 수 없다는 사실을 당당하게 주장하는 아름답고 멋진 여성입니다.

천한 기생의 딸이라도 사랑을 지킬 수 있음을 보여주고, 죽음으로 지키는 정절이 사대부 여인들의 전유물이 아닌 사람의 도리임을 보여줍니다. 결코 타자의 시선에 굴복하지 않는 당당한 그녀의 모습을 현대 여인들이 다시 배워야 하지 않을까요?

소비가 미덕인 현대 사회에서 우리들은 자기 몸의 주인으로 당당하게 사는 것이 아니라 끊임없이 자신의 모습을 다른 사람과 비교하고 있는 것은 아닐까요?

내 사랑의 완성이 백 일째 되는 날에 남자 친구가 주는 백 송이 장미와 그 속에 숨겨진 아름다운 반지가 아니라 춘향처럼 순수하고 당당한 영혼으로 서로를 만나야 할 것입니다.

강마을의 하늘은 춘향의 쪽빛 치맛자락처럼 푸릅니다. 춘향을 생각하며 서성이는 내게 향긋한 꽃내음이 풍겨옵니다. 어디서 풍기는 향기인지 꽃송이가 잘 보이지 않습니다. 푸른 잎을 자랑하는 은목서 나무입니다. 푸른 잎 뒤로 자잘한 꽃송이가 보일 듯 말 듯하지만 그 향기는 온 학교를 감쌀 듯 풍겨옵니다.

소슬한 가을 화단에서 그 향기로 자신의 존재감을 확실하게 보여주는 은목서 나무가 춘향을 닮았다는 생각을 합니다. 서슬 퍼런 계급 사회에서 정절과 사랑이 한낱 관념이 아닌 삶의 이름으로 당당하게 말하는 그녀, 사랑을 위해 자신을 던지는 진정 자유로운 영혼입니다. 그녀가 그리운 날입니다.

미소

첫새벽 집 근처 약수터까지 산책을 하였습니다. 무학산의 가을은 최고조를 향해 나아가고 있습니다. 붉은 화살나무에도 분홍 여뀌꽃 줄기에도 찬이슬이 맺혀 있습니다. 새벽에 내리는 이슬에는 신神이 깃든다고 하더니, 온 우주의 기운이 한 방울 이슬에 맺혀 세상 만물의 정령이 깃들여 있는 것이란 생각이 듭니다.

바스락거리는 산길을 반쯤 오르니, 곱게 나이 든 부부가 약수통을 들고 내려오십니다. 몸이 조금 불편해 보이는 부인의 손을 잡고 남편 분이 조심조심 이끌어 주십니다. 천천히 걸으며 도란도란 이야기 소리가 들리더니, 아내 분이 환하게 웃으십니다. 눈 주위에 주름살이 잡히며 입꼬리가 올라가는 모습이 가을꽃처럼 아름답습니다. 그분의 웃음을 보고 저 역시 저절로 미소가 배어 나왔습니다. 웃음은 바람에 날리는 비눗방울 같습니다. 가벼워서 이곳저곳을 날아다니며 퐁퐁 행복의 씨앗을 퍼뜨리는 것이 아닐까요?

산책길에 만난 노부부의 웃음처럼 즐겁고 행복해서 웃는 표정을 '뒤센 미소' 라고 합니다. 프랑스의 신경과 의사 뒤센 드 블로뉴(1806~1875)는 어려운 환경에서 아버지의 반대를 무릅쓰고 의학 공부를 합니다. 그러나 의학 학위를 받은 해 결혼한 아내가 첫아들을 낳다가 죽고 맙니다. 그런데 뒤센의 계모는 아내가 출산할 때 같이 있었던 사람은 뒤센 혼자였다는 나쁜 소문을 퍼뜨려 결국 아들을 죽은 아내의 친정에 빼앗기고 생의 마지막쯤에야 볼 수 있었다고 합니다.

이렇게 개인적인 행복과 거리가 먼 삶을 살았던 그는 사람들의 웃는 표정에 주목합니다. 연구를 통해 미소에도 두 가지 형태가 있다는 것을 밝히게 됩니다. 하나는 입꼬리를 올리는 근육과 눈가 아래 주변을 주름지게 하는 근육 둘 다 수축했을 때 생기는 '진짜 미소' 입니다. 이는 진심으로 즐거웠을 때 나타나는 미소입니다.

다른 하나는 입꼬리 근육만 수축하는 '억지 미소' 입니다. 현대에 들어서는 팬 아메리카 항공 승무원들이 손님을 예의 바르게 맞이하기 위해 억지로 짓는 미소라고 하여 '팬암 미소' 라고 불리기도 합니다. 심리학자 폴 에크만은 광대뼈 근처와 눈꼬리 근처의 얼굴 표정을 결정짓는 근육을 발견해 낸 뒤센을 기려 긍정적 정서가 반영된 환한 웃음을 그의 이름을 따 '뒤센 미소' 라 명명했다고 합니다.

'뒤센 미소' 는 그 후 많은 연구가 진행되었습니다. 버클리대 켈트너와 하커 교수는 밀스대학의 1960년도 졸업생 141명을 대상으로 연구를 진행했습니다. 졸업 앨범에서 웃고 있는 여학생 중 절반은 '뒤센 미소', 나머지 절반은 '팬암 미소' 를 띠고 있었다고 합니다. 그 후 여학생들이 27세, 43세, 52세가 될 때마다 결혼생활이나 만족도를 조사한 결과, '뒤센 미소'를 띤 사람들은 약 30년 동안 행복하게 결혼생활과 건강을 유지하고 있는 것으로 나타났습니다.

이처럼 진심에서 우러나온 미소는 어려움을 이겨내는 긍정의 힘, 제자리로 돌아오는 힘을 말하는 회복탄력성을 증가시켜 준다고 합니다.

우리가 사는 삶이 늘 행복하고 즐거울 수는 없을 것입니다. 마음먹고 시작한 사업이 파산을 맞기도 하고, 시험에 여러 번 떨어져 이제는 응시할 수 있는 기회를 잃기도 하고, 돌이킬 수 없는 실수를 저질러 벼랑 끝에 내몰릴 수도 있는 것이 인생이 아닐까요.

그럴 때 우리를 치유할 수 있는 것은 어떤 힘일까 하는 생각을 합니다. 캄캄한 밤길을 걸어가듯 무섭고 힘든 이에게 단 한 사람이라도 환하게 웃으며 따뜻한 말 한 마디를 진심으로 건네는 벗이나 선생님일 것입니다. 그러면 우리는 다시 일어나서 세상을 향해 뚜벅뚜벅 걸어갈 수 있을 것입니다.

이런 사람을 만난 것은 참 행운아일 것입니다. 그러나 세상이 나에게 손을 내밀어주지 않을 수도 있을 것입니다. 아무리 둘러보아도 나를 향해 웃어줄 사람이 없다면 어떻게 해야 할까요? 나를 이끌어줄 멘토나 길잡이 늑대처럼 작은 손길로 내 눈물을 닦아주는 뒤센 미소의 그녀나 그가 없으면 그냥 고통 속에 있어야 할까요?

이때 제가 권하는 방법은 '자가 처방전'을 쓰는 것입니다. 자기를 향해 '뒤센 미소'를 지어야 합니다. 거울 속에 있는 나를 보며, 측은해 하며 힘을 내라고, 눈을 맞추고 따뜻하고 환한 미소로 위로해야 합니다. 스스로 자가 재생능력을 생성하듯 환하게 웃어준다면 내 몸의 세포들은 그 미소를 따라 새로운 희망을 향해 나아갈 것입니다.

간과 허파와 위와 쓸개, 그리고 신장의 세포에게 뇌세포를 움직여 환하게 웃으며 강력 항생제 같은 미소로 격려해 보십시오. 휴대폰을 꺼내어 최대한 눈가의 근육을 움직이며 입꼬리를 올려서 사진을 찍고 저장해 필요한 일이 생기면 꺼내어 사용하십시오.

작은 물방울 하나에도 우주의 기운이 감돌고 있다고 합니다. 그러면 세상 만물에 우주의 정령이 깃들여 있으면, 나 자신은 하나의 우주입니다. 내가 웃으면 이 우주가 웃고 있고 이 우주를 미소 짓게 하는 것은 자신입니다. 내가 하나의 우주이면 내 곁에 있는 사람 역시 하나의 우주일 것입니다. 두 우주가 교차하는 경계에 피는 꽃, 사람 사이의 아름다운 마음의 나눔, 그것은 향기롭고 따뜻한 미소입니다.

흰 머리 날리는 산기슭의 억새가 한 계절의 절정을 알립니다. 추수를 끝낸 들에는 깊은 명상을 시작한 대지의 얼굴이 보입니다. 그네들을 향해 온 우주의 한 구석을 밝히는 미소를 짓는 저녁입니다.

국화차를 만들며

가을은 국화의 계절이다. 도시 국화 축제에 수많은 사람들이 붐비고 찻집의 창가에도 작은 국화 화분이 놓여 있다. 들판에는 그야말로 국화 천지이다. 노오란 감국과 산국, 연보랏빛 쑥부쟁이, 흰 구절초 모두 들국화로 총칭된다.

며칠 전 낚시를 다녀온 아이 아버지가 들국화가 많이 피었다고 소식을 전하며 올해는 국화차를 만들지 않느냐고 물었다. 몇 년 전 이맘때 감국을 한 아름 꺾어 꽃송이를 하나하나 따서 국화차를 만들었다. 어린 두 아들이 옆에서 재잘거리며 같이 꽃을 땄었는데 그때는 거들어주지도 않고 쳐다보기만 하였다. 그 후 몇 년간 국화차를 만들지 않았었다. 여행길에 노오란 감국을 만나면 “국화차를 만들면 참 좋겠는데…” 혼잣말을 하곤 했다.

남편이 스스로 국화차를 만들지 않느냐고 묻기에 “깨끗한 곳에 핀 들국화가 보이면 좀 꺾어주세요.”라고 부탁하면서도 기대는 하지 않았다. 퇴근을 하여 아파트 문을 여니 싸아한 국화 향기가 마중을 나왔다. 일부러 들국화를 꺾으러 다녀왔단다. 베란다 가득 국화꽃 무더기가 보인다.

저녁을 먹고 난 뒤 국화차를 만들었다. 사춘기 두 아들도 잠시 게임을 접고 앉아 국화꽃을 따 주었다. 어린 시절 엄마와 함께 땄던 국화꽃과 국화차를 만들었던 기억이 생생한 모양이다. 사내 녀석들이라 뚝뚝 거칠게 따기는 했지만 그 마음씨가 국화향처럼 나를 행복하게 하였다. 신기한 것은 남편이었다. 처음부터 끝까지 정성껏 국화를 따주는 것이다.

국화 무더기를 보면서도 감탄을 하였다. 정말 깨끗하고 고운 것만을 정성스럽게 골라 꺾어온 것이다. 매사에 설렁설렁 일을 하는 나와는 달리 꼼꼼한 성격인지라 하나를 해도 야무진 것이다. 새삼 같이 늙어가는 그 사람이 고마웠다.

밤이 깊도록 국화꽃을 땄다. 그리고 깨끗한 물로 씻고 뜨거운 물로 데쳤다. 말리려고 하얀 창호지 위에 펼치니 활짝 피었던 국화꽃들은 다시 작은 봉오리가 되어 동글동글 맺힌다.

좋은 가을 햇살과 서늘한 바람에 잘 마르면 향 짙은 감국차가 될 것이다. 그러면 내 좋은 사람들과 국화차를 마실 것이다. 뜨거운 물속에서 꽃송이를 다시 피우는 국화꽃 한 송이 한 송이에 눈을 맞추고 사물의 경계에 꽃이 핀다는 어느 작가의 말을 생각하며 노자 도덕경을 읽을 것이다.

작고 동글동글한 감국들이 뜨거운 물속에서 배시시 짙은 향내를 풍기며 꽃잎들을 다시 피울 것이다. 사르르 풀리는 작은 꽃잎들을 한참 들여다보며 노오란 감국이 시간의 교차점을 지나 다시 꽃을 피우는 모습을 볼 것이다. 모든 경계에는 꽃이 피고, 감국은 삶과 죽음의 경계에서 짙은 향기로 내게 자신의 이름을 불러 달라고 요구할 것이다.

> 도가 말해 질 수 있으면 도가 진정한 도가 아니고
> 이름이 개념화될 수 있다면 진정한 이름이 아니다.
> 무는 이 세계의 시작을 가리키고
> 유는 모든 만물을 통칭하여 가리킨다.
> 언제나 무를 가지고는
> 세계의 오묘한 영역을 나타내려 하고
> 언제나 유를 가지고는
> 구체적으로 보이는 영역을 나타내려 한다.
> 이 둘은 같이 나와 있지만 이름을 달리하는데,
> 같이 있다는 것은 그것을 현묘하다고 한다.
> 현묘하고도 현묘하구나.
> 이것이 바로 온갖 것들이 들락거리는 문이구나.
>
> —최진석 《노자의 목소리로 읽는 도덕경》

우리가 '국화차'라 부르는 것은 이 사물의 진정한 이름일까? 최진석 교수는 사물을 정의내리면 그것은 진정한 이름이 아니라고 한다. 사랑을 어떤 사람이 '눈물의 씨앗'이라고 개념화했을 때 이것은 사랑 혹은 사랑의 진정한 의미가 아니라고 한다. 개념화의 작업은 오히려 사랑이라는 이름을 '눈물의 씨앗'이라는 한정된 의미에 가두는 일로서, 이는 사랑을 오히려 제한하고 죽이는 것이라 한다.

그러면 내가 마시는 국화차는 국화차라 이름 하였을 때 내 생각은 멈추어 버릴 것일까? 가을이면 나는 무엇 때문에 계속 국화차를 만들어야 한다고 생각하는 것일까? 이것은 가을이라는 정의를 국화차라는 것으로 한정짓는 것은 아닐까? 나는 국화차를 만드는 시간이 가을이라고 한정해 내 사유의 폭을 축소시킨 것은 아닐까?

시간의 경계에서 국화는 찻잔 속에서 다시 피어난다. 모든 경계에 꽃이 피는 것처럼 가을과 겨울의 경계에서 나도 누군가의 이름을 불러주고 싶다.

꿈의 씨앗

시골 중학교의 아침은 안개로 무성합니다. 어제저녁에 비가 내린 모양입니다. 교문 앞이 촉촉하게 젖어 있습니다. 비가 내리니 떨어진 낙엽도 젖어 있습니다. 세상이 좀 깨끗해진 것처럼 낙엽 위에 쌓인 먼지들도 쓸려 나간 듯 그렇게 고운 색을 비추고 있습니다.

앞산도 안개에 싸이고 멀리 보이는 집들의 실루엣은 오래된 성처럼 보입니다. 그 모습이 신비스럽습니다. 안개가 낀 아침, 조금은 낭만적인 아침을 맞습니다. 학교 옆을 휘돌아 흐르는 남강으로 희뿌연 안개가 흐르면 그 강가를 둘러싼 키 큰 은사시나무도 보이지 않습니다.

정문에서 도우미 교사가 되어 진입로 청소를 하고 있으면, 자전거로 안개 속을 달려 등교하는 아이들의 앞머리가 젖어 있습니다. 제법 머리가 긴 학생도 보입니다. 우리 학교 학생들은 두발과 교복 차림이 꽤 단정한 편입니다. 도시의 학생들처럼 파마나 염색을 한 아이는 찾아보기 어렵고 교복을 이상하게 줄여 입는 아이도 드뭅니다. 전교생 삼십여 명의 시골 중학교에서 누가 어느 집 아이인지 어느 골짜기에 사는지도 다 아는 선생님과 졸업을 하고 나서도 힘들 때면 밤늦게 전화를 해서 고민을 상담하는 그런 제자들이 모여 있습니다.

인간은 환경의 영향을 많이 받는 사회적 동물임을 이 순수한 아이들을 보면서 실감합니다. 푸른 생명이 넘실거리는 역동적인 공간에서 새들의 지저귐과 바람 소리를 벗 삼아 사는 아이들의 정서는 자연처럼 맑고 밝은 것 같습니다. 반백도 되지 않은 작은 학교의 학생들과 선생님들은 모두 한 가족이라는 생각으로 뭉쳐 있습니다.

요즘은 학생 인권조례 제정 문제가 뜨거운 감자가 되어 회자인구膾炙人口합니다. 저 역시 학생의 인권 문제에 대해서 더 나아가서 삶의 질에 대해 생각을 하였습니다. 그리고 수업 시간에 들어가서 3학년 아이들에게 너희는 인권을 어떻게 생각하느냐고 질문을 해 보았습니다.

"샘예, 인권이 뭐라예?"

"인권이란, 인간의 생존에 있어서 불가결한 기본적인 권리이고, 가장 우선적으로 보장되는 권리란다."

"그라모, 우리의 기본적인 권리라고예?"

"너희가 가장 어른들로부터 받고 싶은 권리가 뭐니?"

그러다가 두발자율화에 대한 이야기, 교복을 입고 싶지 않다는 이야기, 자율학습하기 싫다, 드디어 시험 안 치고 살면 좋겠다는 이야기까지 오고 갔습니다. 평소 선생님께 하고 싶은 말들이 와르르 밀려옵니다. 하여간 이 녀석들은 틈을 보여주면 안 됩니다.

어떤 경우에도 자기 편인 선생님을 원하는 아이들과 아이들의 모습을 전정가위를 들고 이리저리 가지를 치고 모양을 잡는 선생님인 제 모습이 다가옵니다. 예전에 담임을 하였던 아이의 모습이 떠오릅니다.

그 아이는 매일 아침 무스와 스프레이로 앞머리를 공들여 부풀려 오느라 늘 지각을 하였습니다. 아침 조례에 늦어 복도에 벌을 서고 있으면 저는 공처럼 둥글게 말린 앞머리를 당기며 야단을 쳤습니다.

"니, 오늘도 이리 머리 세운다고 늦었지?"

"아임니더, 늦잠자서 그렇습니더."

"그라모, 니는 매일 늦잠을 자나? 그라고, 이제부터는 학교에서 무스하고 스프레이 사용하여 앞머리 세우면 안 된다."

이렇게 승강이를 하던 그 학생은 지금 인근 도시에서 미용실을 운영한다고 합니다. 부스스한 저의 머리 모양새를 늘 못마땅해 하면서 자기는 선생님처럼 하지 않겠다는 이야기를 하였습니다.

얼마 전 만난 졸업생이 그 학생의 소식을 전하였습니다. 선생님은 여전히 머리를 부스스하게 하고 다니냐고 물으며, 한번 놀러오면 선생님을 멋지게 변화시켜 주겠다는 이야기를 전해달라고 하였답니다.

그 학생이 다닐 즈음 학교는 엄격한 두발 규칙을 적용하였습니다. 그래서 생겨난 일화입니다. 다양한 개성의 아이들은 예쁜 것을 좋아하고, 자기를 다르게 보여주고 싶어 합니다. 그런데 교사인 저는 너무 아이들이 원하는 것을 모르고 있었다는 생각을 아프게 합니다. 아니, 모르겠다고 눈을 막고 귀를 막고 그저 말을 잘 듣는 아이만을 원한 것 아닐까요.

꽃처럼 피어나는 아이들을 보면서 우리 아이들의 삶이 행복하기를 빌어봅니다. 그리고 그 행복을 지키는 작은 등불은 교사가 아닐까 하고 생각합니다. 가슴속에 품은 꿈의 씨앗이 상처받지 않도록, 교사인 나만 행복한 것이 아니라, 학생이 행복한 세상을 위해 아이들이 진정으로 원하는 것이 무엇인지를 생각합니다.

세상은 변하고 있는데 교사인 저는 제자리에 머무르고 있는 것 같아 때로 안타깝습니다. 여기 시골 강마을에서 자라는 꿈의 씨앗들이 우리의 산야 속에서 푸르게 푸르게 자라기를 기원하는 아침입니다.

자작나무 편지

강마을의 아침은 안개가 주인입니다. 은사시나무는 안개와 더불어 작은 바람에도 까르르 웃음을 터뜨립니다. 가을 안개처럼 하얀 자작나무가 보고 싶습니다. 얼마나 곱고 아름다운 풍경일까요? 백석의 시처럼 차고 고운 자작나무 옆에 서서 두런두런 이야기를 나누고 싶습니다. 내가 자작나무인 것처럼.

> 산골집은 대들보도 기둥도 문살도 자작나무다
> 밤이면 캥캥 여우가 우는 산山도 자작나무다
> 그 맛있는 메밀국수를 삶는 장작도 자작나무다
> 그리고 감로甘露같이 단샘이 솟는 박우물도 자작나무다
> 산 너머는 평안도 땅도 보인다는 이 산골은 온통 자작나무다
>
> —백석 〈백화白華〉

눈처럼 흰 자작나무의 수피를 벗겨 연인에게 편지를 써 보내면 사랑이 이루어진다고 합니다. 자작나무는 추운 지방에서 주로 자라는 나무인데, 그 줄기가 눈처럼 희고 아름다워서 나무의 여왕으로 불린다고 합니다. 종이처럼 매끈하고 하얀 자작나무 수피를 소중하게 벗겼던 사람은 누구였을까요? 시베리아의 흰 눈 속 작은 집에 두 손을 호호 불며 잉크를 꾹꾹 찍어 편지를 쓸 어떤 이국의 소녀를 생각하였습니다.

가을은 그 속에 보이지 않은 어떤 마법의 힘이 있을까요? 스마트폰이 보편화되지 않았던 시절에 마음을 전하는 방법은 주로 편지였습니다. 가을 초입이면 수업시간 중간에 편지를 쓰다 야단을 맞는 학생이 종종 있었습니다.

여름방학이 되면 훤칠한 대학생들이 농촌 봉사활동을 왔습니다. 어린 여학생들 눈에는 공부도 가르쳐 주고 기타를 치며 노래를 불러주는 대학생 오빠들이 얼마나 멋있었을까요? 며칠간 봉사활동을 하고 가는 오빠들은 어린 여학생들 마음에 고운 첫사랑이 싹트게 하였습니다.

수업 시간에 분홍 편지지를 숨기고 깨알 같은 글씨로 뭔가를 열심히 씁니다. 슬쩍 눈치를 주었습니다. 하지만 너무 집중해서 눈치를 여러 번 주어도 통 알아듣지를 못해 결국 편지를 빼앗기는 경우도 생깁니다. 눈물이 글썽이며 애원하면 할 수 없다는 듯 돌려줍니다.

도라지꽃처럼 고운 열병을 앓는 학생들을 위해 자작나무 이야기를 해 주었습니다.

"너희는 소원을 들어주는 자작나무 편지 아니?"

"옴마야, 소원을 들어주는 편지도 있어예? 빨리 해 주이소 예"

아이들의 눈은 금세 반짝반짝 빛을 냅니다. 야단맞은 것도 잊고 나에게 이야기를 해달라고 조릅니다. 참 어여쁩니다. 나를 향해 수많은 가을꽃이 환하게 무엇이라 이야기를 하는 듯합니다. 이럴 때 사실 저는 참 행복합니다.

"자작나무는 흰 껍질이 얇은 종이를 여러 겹 붙여 놓은 것처럼 차곡차곡 붙어 있어 한 장 한 장이 매끄럽고 잘 벗겨지므로 종이를 대신하여 쓸 수 있단다. 옛날 우리 조상들은 여기에 그림을 그리기도 했단다. 경주의 천마총에서 출토된 하늘을 나는 천마도가 바로 자작나무 껍질에다 그린 그림이란다. 이렇게 천년을 두고도 변하지 않기 때문에 그 껍질을 벗겨 편지를 쓰면 사랑이 이루어진다는 전설이 있단다."

학생들의 눈매가 더욱 진지해졌습니다.

"또 자작나무 껍질에는 초를 만드는 왁스 성분도 있어 잘 썩지 않을 뿐만 아니라, 불을 붙이면 잘 붙고 오래가므로 촛불이나 호롱불 대신에 불을 밝히는 재료로도 애용되었단다. 결혼을 화혼華婚이나 화촉華燭을 밝힌다고 하는 것도 자작나무 껍질의 불타는 성질과 관련이 있단다. 자작나무란 이름도 껍질이 탈 때 '자작자작' 소리가 난다는 데서 따온 의성어란다."

"샘예, 그라모, 자작나무는 우리 학교 주변에는 오데 있어예?"

"우리 학교 주변에는 없고, 태백산이나 강원도에는 군락이 있다고 하더라."

"자작나무 껍질 벗길라꼬 태백산까지 가야 한다카이 별로 소용도 없는데…."

다음 날, 등교지도 때 그 학생을 만났습니다. 등교 지도 도우미로 함께 강 안개 자욱한 정문에 서 있었습니다. 안개 속을 걸어오는 앞머리가 축축한 아이들의 명찰과 넥타이와 두발을 지도하고 교실로 들어가려 하는데 누가 부릅니다.

"샘예, 이 나무도 껍질이 벗겨지는 데 자작나무 대신 요기다 편지를 써모 안될까예?"

학교 운동장을 둘러싼 플라타너스의 껍질을 그 아이가 벗겨보는 것입니다. 진짜로 얼룩덜룩하게 수피가 벗겨집니다. 큰 것은 작은 엽서 크기 정도 됩니다. 편지를 써도 되겠습니다.

"같은 나무니까 효과가 있을 것도 같은데…."

"그럴까예."

강가의 안개는 서서히 물러나는 듯하고, 그 옆에서 목을 길게 빼고 우리를 바라보는 은사시나무가 자작나무 같습니다. 아침 안개가 우리를 위해 잠시 풍경을 바꾸어 주었나 봅니다.

행복한 가을은 하얀 자작나무 수피에 쓴 고운 편지처럼 그렇게 왔습니다.

열 매

참으로 오랜만에 눈부신 봄날입니다. 가족들과 시골엘 갔습니다. 물론 저는 밥하고 아이 아버지와 삼촌들은 시어머니를 도와 농사일을 하였습니다. 온통 초록이 물결치는 들판이 참으로 아름다웠습니다. 초록 물결을 이룬 보리밭 위로 노고지리 날아오르고 멀리 상수리나무와 오리나무가 무성한 산에서는 산꿩이 계속 울어대었습니다. "꿩… 꿩…" 하고 울면서 발밑에서 날아오르기도 하고, 이름 모를 산새가 감나무 새잎 사이로 숨었다 나타났다가를 반복합니다.

남새밭에 부추를 베러 갔습니다. 시댁은 유난히 부추농사를 많이 합니다. 경상도에서는 '정구지' 라 합니다. 봄비에 무성히 자란 부추가 단발머리 소녀처럼 참 곱습니다. 부추 한 단을 베어 와서 데치고, 멸치와 다시마를 우려서 국물을 만들고, 묵은 김치를 쫑쫑 썰어서 참기름과 깨소금을 넣어서 무쳐 고명을 얹은 국수로 점심으로 먹었습니다. 식구가 열댓 명씩 되니 국수를 한 소쿠리 삶았는데도다 먹었습니다.

이런 날 점심은 국수가 제격입니다. 설거지 그릇도 적고 찬이 한 가지면 되고요. 부추 나물은 달고 향긋하였습니다. 갓 베어온 부추로 만든 나물의 맛은 도시의 그것과 비교할 수 없을 정도입니다. 뭐든지 제철에 금방 수확하여 먹는 것이 가장 맛있고 건강한 삶이 아닐까요?

저는 도시에서 자란 사람이어서 농사일도 잘 못 하고 그저 봄철 모판을 만들 때 도와드리는 정도입니다. 외가가 시골이고 친정어머니께서 시골분이어서 다른 사람보다 많이 보고 시골에 대해 많이 듣고 하였지만 저는 여전히 도시내기입니다. 몸으로 아는 지식이 아닌 머리로 아는 지식이 대부분이지요.

그런데 제 막내동서는 시골에서 자라 농사일을 참 잘합니다. 약도 잘치고 쌀 포대도 번쩍 들어 올립니다. 힘이 세고 건강한 그네의 모습이 참 보기 좋습니다. 두 팔다리에서 푸른 잎사귀가 돋아날 듯해서 좋습니다.

그에 비하면 저는 일하다가도 보랏빛 자운영에 한눈을 팔고 하얀 조팝꽃을 꺾어 내려옵니다. 노오란 양지꽃을 보다가 남새밭 가는 길에 자꾸만 뒤처지는 그런 사람이지요. 토끼풀을 따서 책갈피에 넣었다가 누름꽃을 만들어 엽서 쓰기를 좋아하는 철부지입니다.

남새밭 가는 길에 매화꽃이 참으로 고왔습니다. 눈부신 매화꽃 사이로 꿀벌이 붕붕거립니다. 꽃향기를 맡으며 곁에 선 시어머니께 여쭈어 보았습니다.

"어무이, 이 꽃 좀 따서 매화차를 만들면 안될까예?"

"큰일 날 소리 하지 마래이. 꽃을 따뿌마, 열매 우째 열것노?"

철없는 며느리는 하얀 매화꽃밭에서 매화꽃차를 만들 생각을 하지만, 시어머니는 열매 여는 나무의 꽃을 따는 일은 죄받는다고 나무라셨습니다. 이것이 저와 시어머니의 차이일 것입니다.

삶 그 자체가 자연이고 생산자이고 고단한 노동자의 삶이 제 시어머니의 삶입니다. 작은 땅 한 뼘에서 상추와 고추와 시금치를 심고 수확하십니다. 그분의 손에는 마법의 힘이 있습니다. 감나무 과수원 옆 작은 밭에서 일 년 내내 수많은 먹거리가 나옵니다. 저보다 작은 시어머니 어디에서 그런 힘이 나오시는지 참으로 존경스럽습니다. 어쩌면 그분 자신이 위대한 자연의 한 부분이 아닐까 하는 생각을 합니다.

이제 점점 더 푸른 산과 들이 우리 앞에 펼쳐질 것입니다. 무수한 봄꽃이 진 자리마다 열매가 맺히는 여름이 곧 다가오겠지요. 시어머니께서는 부추밭과 마늘밭으로 부단히 움직이면서 그분의 팔과 무릎에서 푸른 잎을 피워 올리실 것입니다. 손가락 사이로 자연과 교감하면서 푸른 물결을 일으키는 모습을 황홀하게 바라볼 것입니다. 그리고 제 삶도 꽃 피고 열매 맺는 나무처럼 그렇게 살아갈 수 있도록 기도합니다.

화사한 봄꽃도 아름답지만 그 꽃도 시간이 되면 미련 없이 그 자리를 내어주어야 열매를 맺을 수 있을 것입니다. 이것이 자연의 이치이고 순리입니다. 저도 그런 삶을 살고 싶습니다.

우연은 없다

아침 수업에 들어가서 학생들의 과제 검사를 했습니다. 한 사람과 면담하고 그 내용을 발표하는 것이었습니다. 학생 중 몇 명이 숙제를 하지 않았기에 왜 하지 않았느냐고 질문을 하니, '그냥' 이라고 합니다. 하지만 이것은 답이 아닐 것입니다. 다른 말로 하기 싫었다든지 잊었다든지가 답일 것입니다.

우리 학생들은 그냥이라는 말을 많이 합니다. 그리고 우리들도 특별한 이유 없이 그냥이라든지, 우연이라든지 이런 말을 잘 합니다. 하지만, 세상에 그냥과 우연이란 것은 없습니다. 어쩌면 꼭 필요해서 나에게 온 일이고 무엇이나 나와의 인연으로 이곳에 존재하는 것입니다.

우리를 둘러싼 수많은 사람들은 분명 우리와 전생에 인연이 얽혀있으므로 해서 이곳에 나와 같이 만나서 말하고 웃고 밥을 같이 먹을 것입니다. 내가 태어난 것도 아버지 어머니의 하룻밤 실수가 아니라 내가 우리 부모님과의 인연의 씨앗으로 태어난 것입니다. 내 몸속을 흐르는 생각은 어쩌면 내 할아버지의 꿈과 할머니의 삶 속에서 발원된 샘물에서 솟아오르는 것입니다.

최재천 교수는 생명의 주체는 DNA일 수도 있다는 이야기를 합니다. 진정한 생명의 주최는 살아서 숨 쉬고 짝짓기하고 죽는 우리 자신이 아니라 태초부터 지금까지 죽지 않고 계속 살아남는 유전자 즉 DNA일 수 있다고 합니다.

도킨스의 《이기적 유전자》라는 책은 삶을 바라보는 관점을 바꾼 책입니다. 유전자는 뇌도 없고 마음도 없는 존재인데 어떻게 이기적일 수 있을까? 도킨스는 유전자가 이기적인 심성까지는 갖고 있다고 이야기하지 않습니다. 유전자는 심성을 가질 수 있는 존재가 아니기 때문입니다. 유전자란 자기복제밖에 할 줄 모르는 화학물질이지만, 결과적으로 이기적인 모습을 보여준다는 것입니다.

그의 책에서 해밀턴 교수의 말을 빌면 내 유전자를 이어받게 되는 내 자손을 만들기 위해 생명체는 끊임없이 진화하는 과정에서 우리는 타인을 돕는 행위를 하게 된다고 합니다. 남을 돕는 행위는 개체수준에서는 손해를 보는 일이지만 유전자의 관점에서 보면 도움이 되므로 우리가 남을 돕게 된다는 이론을 논리적으로 설명합니다. 사람의 경우 형제나 자매는 유전적 근원관계를 따지면 나와 정확히 50퍼센트의 유전자를 공유하고 있다는 것입니다. 그래서 유전자의 공유가 많은 인간끼리는 서로 도움을 주고받는 관계가 성립합니다.

메릴엔드 대학의 제리 윌킨슨 교수는 흡혈박쥐 연구를 통해 흥미로운 결과를 발표했습니다. 그는 피를 빨아먹고 사는 흡혈박쥐는 해가 지면 큰 동물의 피를 빨아먹고 되돌아와야 하는데 그 많은 박쥐들이 피를 빨 수 있는 동물이 언제나 기다리고 있는 것이 아니기 때문에 굶은 상태로 되돌아오는 경우가 많다는 것입니다. 그런데 박쥐는 길게 봐도 2~3일 굶으면 죽는다고 합니다. 워낙 신진대사가 활발해서 자주 먹어야 합니다. 그러다 보니 흡혈박쥐 사회에서 배불리 먹고 온 친구가 굶고 있는 친구에게 피를 나눠주는 문화가 생겼다고 합니다.

같이 모여 사는 박쥐들이 유전적으로 얼마나 가까운지 조사해 보니, 50퍼센트의 관계를 갖고 있는 형제들, 25퍼센트의 아빠가 다른 형제들, 12.5퍼센트의 사촌들도 있고, 전혀 관계가 없는 친구도 있었는데, 결국 가장 많이 공유하는 개체한테 제일 많이 나눠주는 것입니다. 그를 돕는 것이 곧 나를 돕는 것입니다. 형제의 몸을 통해서 내 유전자의 일부가 후세에 전달되는 것입니다. 하지만 유전자를 공유하지 않은 주변의 친구들과도 피를 나누어 먹는다는 것입니다. 즉 유전적으로 관계가 없다고 하더라도 내가 도움을 주고 그 도움이 나에게 돌아올 확률이 높으면 서로 돕고 사는 것이라는 설명을 해주는 이론입니다.

우리 생명이라고 하는 것은 과학적으로는 유전자의 먼먼 여행의 결과라고 볼 수 있으며, 운명론적으로는 내 조상과 내가 밀접한 연관 속에서 태어난 것입니다. 결국 무작위로 이루어지고 무작위로 던져지는 것은 없는 것입니다. 우리 몸에는 수많은 우리 조상의 유전자가 숨 쉬고, 내 유전자는 다시 내 후손에게 이어질 것입니다.

그냥은 없습니다. 어쩌면 우연이란 탈을 쓴 필연들이 모여 있는 것이 이 세상이 아닐까 하는 생각을 하는 봄날입니다. 하롱하롱 떨어지는 봄꽃은 피어야 할 필연이 있고, 지금 바람이라는 우연을 맞아 자신의 유전자를 전해 줄 열매를 기약하는 것입니다.

우연이 없다면 세상에 존재하는 모든 것에 의미가 있습니다. 내 눈앞에 뒹구는 돌멩이 하나에도 풀꽃 한 송이에는 나와 만나야 할 이유가 있고 존재의 이유가 있습니다. 내 영혼의 부름에 답한 것이 이 세상의 모든 것이고, 내가 이 세상에 답하여 나온 것입니다. 나의 존재 이유가 여기에 있습니다.

오늘이 꾸는 꿈

봄비치고는 많은 비가 내렸습니다. 집이 일층이어서 비가 화단에 수직으로 내리 닿는 순간이 잘 보입니다. 베란다에서 보면 잔디 위에 쏟아지는 비의 생김새를 관찰할 수 있습니다. 더러는 한참을 서서 빗방울과 그 빗방울이 대지에 닿는 순간을, 대지에 닿아 물과 대지가 교감하는 순간을 관망합니다.

마산 앞바다에 일렁이는 꽃 같은 불빛과 그것을 많이 가리는 고층 아파트의 휘황한 조명을 보기도 합니다. 아이 아버지가 베란다에 화단을 만들고 그 옆에 조그만 마루를 놓은 덕에 가끔은 베란다에 앉아 차를 마시기도 합니다.

며칠 마음이 어지러운 탓에 글도 쓰지 못하고, 일도 잘 되지 않아 힘이 들었습니다. 그래도 눈 맑고 어여쁜 아이들을 볼 수 있으니 행복합니다. 교실에 가면 나를 향해 일제히 바라보고 무어라 떠들기도 하고, 책상 밑으로 손을 넣어 딴짓을 하는 녀석들이 참으로 어여

뻡니다. 어느 시인의 표현처럼 이런 아이들이 이럴 때는 나를 향해 일제히 피어나는 꽃 같습니다.

'예쁜 제자들을 볼 수 있으니, 내 인생의 반은 성공한 것이다.' 라고 늘 생각합니다. 이 모자란 사람을 선생님이라 불러주고 웃어주는 저 아이들이 있어 살아갈 힘이 납니다. 아무리 힘든 인간관계에 부딪혀도 이 예쁜 제자들을 생각하면, 피시식 웃음이 떠오릅니다. 그렇지만 좋은 교사, 꿈을 심어 주는 교사가 되고자 하는 제 꿈이 그저 꿈일 뿐이라는 자괴감이 밀려옵니다.

오랜 세월이 흐른 뒤에야 깨닫게 되겠지요. 교육의 길, 누군가에게 물어서 찾아지는 것도 아니고 누군가에게 대신 가줄 수도 없다는 것을 알게 되겠지요. 잃어버린 길을 찾아 줄 인생의 나침반도 내 길을 꿋꿋하게 가게 해주는 굳은 의지도 모두 내 마음속에 있다는 것을 이제야 알았습니다. 이 아이들을 믿고 내 앞에 펼쳐진 교육의 길을 묵묵히 가렵니다.

어제와 오늘과 내일이란 어떤 관계가 있을까 생각해 보았습니다. 어제는 오늘의 그림자이고, 내일은 다가올 오늘일 것입니다. 한자어 내일來日은 다가올 날이라는 말이겠지요. 결국 오늘 내가 사는 삶이 다가올 내일을 만드는 씨앗이 되는 것입니다.

그 씨앗은 꿈입니다. 내일은 오늘이 꾸는 꿈이라고 결론을 내려봅니다. 요즘의 학생들에게 "네 꿈이 무엇이냐?"고 물으면 대부분이 "잘 모르겠어요." "글쎄요."라고 대답합니다. 오늘 내가 꾸는 꿈이 내일이 된다는 사실을 생각하면 참 안타깝습니다. 그래서 학생들에게 존 고다드John gota de라는 사람을 소개하였습니다.

"존 고다드는 오늘날 개인의 목표를 가장 극적으로 성취한 사람이라 불린단다. 평범한 소년이던 존 고다드의 인생의 변곡점은 열다섯 살 때 들은 할머니와 숙모의 대화가 시종일관 '이것을 내가 젊었을 때 했더라면…' 이런 한숨 섞인 문장을 계속하고 있어서 그 자신은 '했더라면' 이라는 말을 하지 않겠노라고 하면서 소년은 연필과 노란 종이를 꺼내, 맨 위에 '나의 꿈의 목록' 이라고 쓰고, 자신이 평생에 하고 싶은 것, 가고 싶은 곳, 배우고 싶은 것을 모두 기록하였단다. 노란 수첩에 기록한 고다드의 꿈의 목록은 127가지란다. 그리고 그는 그 꿈의 목록을 마음속에 간직하고 다니면서 하나씩 실천하였대. 그리고 그는 47세에 103가지를 완벽하게 이루었단다. 120개국을 여행했으며, 뉴지아나의 인간사냥꾼에서 중앙아프리카 피그미족까지 260여 부족과 만났으며, 47종의 비행기를 직접 조종하며 여행했고, 마르코폴로 동방견문록을 몸소 체험하고, 킬리만자로를 정복한 사람, 비행기 사고와 지진, 두 번 익사 직전 구출과 빈사경험, 동물 습격으로 38회나 죽음의 문턱을 오르내린 사람이란다. 이 사람의 꿈의 시작은 노란 수첩에 연필로 적었던 그 시점에서 시작되었단다."

오늘이 가면 어김없이 내일이 찾아오겠지만 누구에게나 그러리라는 보장이 없기에 오늘이 소중하다고 생각합니다. 오늘 하루는 우리에게 주어진 소중한 시간입니다. 가끔 힘들고 때로는 깊은 절망에 빠져들 수도 있지만 사계절 푸른 빛을 잃지 않는 상록수처럼 언제나 마음속에 푸르게 살아 있는 희망과 꿈을 간직한 제자들이었으면 하는 소망을 담습니다.

학생들에게 종이를 꺼내어 주면서 '꿈의 목록' 을 적어 보게 하였습니다. 존 고다드처럼 일생 동안 꼭 이루고 싶은 것이 무엇인지 생각해 보라는 말에 무척 진지한 표정으로 글을 씁니다.

어려운 일이 일어날 때면 자신을 향해 계속 생채기를 내고 오늘의 그림자인 어제를 향해 계속 자책하는 것은 무척 잘못된 일이란 반성을 하였습니다. 자신이 꾸었던 꿈을 잊고 있었습니다. 어제는 그저 오늘의 그림자인 것을. 그리고 내일은 다가올 오늘인 것입니다. 내일은 오늘이 꾸는 꿈입니다. 하루하루를 최선을 다해 살아야겠다고 다짐을 해 봅니다.

황사 섞인 바람이 요동치는 강마을에 어디선가 연분홍 꽃잎 하나 창문에 날아드는 봄날입니다.

여름, 그 눈부신 이름

장마가 지나간 강마을은 여름입니다. 공작새의 깃털처럼 화려한 빛깔을 한 부채 모양의 자귀나무 꽃이 길섶마다 피어납니다. 길가에는 키 큰 접시꽃과 주홍의 산나리 꽃이 시원하고 화단에는 원추리가 눈부십니다. 아침나절 학교로 오면서 여름의 향기로움 앞에 잠시 넋을 잃었습니다. 뜨거운 햇살 아래 들판의 어린 벼들이 바람에 나부껴 푸른 물결로 흔들리며 행복해 합니다. 푸른 들과 푸른 산 그리고 향기로운 바람 이런 여름의 한가운데서 잠시 길을 잃어버리고 싶어집니다.

여름방학이 시작되어 빈 학교 운동장에 잎새 무성한 플라타너스가 커다란 그늘을 드리우면, 심심한 동네 할머니들이 모여 이야기꽃을 피웁니다. 그 옆 체육기구실 뒤쪽으로 옥수수 밭이 보입니다. 옥수수 밭 옆에는 방울토마토가 두 줄 심어져 있습니다. 자잘하게 포도송이처럼 매달린 토마토 중에 주황색으로 익은 것이 보입니다.

얼른 한 개를 따서 입어 넣으니 싱그러운 맛이 좋습니다. 따지 않아 너무 익어서 갈라진 토마토도 보입니다. 아깝습니다. 토마토 밭을 지나면 고추밭이 있고 또, 들깨도 심어져 있습니다. 이런 밭들은 모두 학교 실습지에 심어진 것입니다. 교장 선생님과 행정실장님께서 가꾸시고 작은 밭은 학생들이 분양을 받아 선생님과 함께 텃밭 가꾸기를 합니다. 이따금 학생들은 수확한 것을 한 움큼씩 집으로 들고 가서 저녁밥상에 올리기도 합니다.

학생들이 방학을 하니, 금세 밭은 잡초가 무성해져 있습니다. 주인 없는 텃밭에서 저는 횡재를 한 듯 토마토 몇 개와 가지 두어 개를 챙겼습니다.

여름은 그 자체로 뜨거운 기운과 젊음이 가득합니다. 그래서 여름을 닮은 젊은이는 넘치는 힘과 의욕과 실수가 뒤엉켜 있다는 생각을 해 봅니다. 우리 학생들도 그렇습니다. 잠시도 가만 있지 못하고 실수를 하고 뛰어다니고, 불만을 터뜨리고 저희끼리 깔깔거리고 웃습니다. 터질 듯 뜨거운 여름을 닮은 아이들입니다.

뜨거운 여름이 지나야 열매 맺는 가을을 맞이할 수 있음을 가끔 우리들은 잊고 있습니다. 여름이 없는 가을은 있을 수 없습니다. 거칠고 실수하고 반항하는 우리의 아이들은 여름일 것입니다. 뜨거운 햇살처럼 자신 속에 있는 에너지를 발산하고 넘치는 기운을 주체하지 못합니다.

요즘 아이들에게 부족한 것은 '체험' 입니다. 때문에 방학이라는 시간을 이용하여 '직접 체험' 을 넓혀갔으면 하는 것이 나의 바람입니다. 그런데 우리들은 그 기운을 가두어 두려 합니다. 자제하라고 이야기합니다. 미래를 생각하고 참으라는 말만을 합니다. 그들이 꿈꾸는 이야기에 귀 기울여 들어야 하지만 그렇지 못합니다. 예전에 우리들이 그 뜨거운 여름을 지나 '이제는 돌아와 거울 앞에 선 누님' 같은 시절을 맞이하였음을 잊고 있었나 봅니다.

아이들의 웃음소리가 듣고 싶어집니다. 며칠이 지나면 아이들은 영어캠프를 하고, 여름 방과후 수업을 받으러 나올 것입니다. 시골의 작은 학교는 거의 방학 내내 강좌를 열어서 특별수업을 합니다.

저는 방학 동안 아이들이 책으로 하는 공부보다 무엇을 몸소 해봄으로써 느끼고 깨우쳐 지혜를 얻는 '몸으로 하는 공부'를 권합니다. 농사일로 바쁜 학부모님들은 자녀들이 종일 방에서 오락을 하지 않게 되어 무척 좋아하십니다. 선생님들 역시 방학이 없습니다. 아이들과 뜨거운 여름을 보내야 하지요. 뜨거운 햇살과 더 뜨거운 아이들의 열기를 달래면서 열매 맺는 가을을 함께 준비할 것입니다.

훅훅 젊은 여름의 입김이 뿜어 나오는 텃밭에서 잠시 여름의 눈부심을 생각하였습니다. 주렁주렁 열매를 늘어뜨린 가지가 바람을 타고 흔들리고 있고, 그 옆으로 토마토가 마주 오는 바람을 받아 아슴아슴 몸놀림을 만들고 있습니다. 다시 한 차례 바람이 불더니 두 채소의 잎이 같이 흔들립니다. 채소마다 꽃모양이 다르고 색깔이 다르고 향내가 다르겠지만 그들은 서로 나름대로 자기가 피워낸 열매에 대한 보람을 간직하고 있는 것 같습니다. 우리 아이들도 자기가 맡은 자기 몫에 대해 정성으로 열매 맺도록 도울 생각입니다.

여름, 참 눈부신 이름입니다.

우렁각시

싱그러운 첫여름이 흐르고 있습니다. 앞산에 뭉게뭉게 피어난 밤꽃 내음이 수업하는 교실의 창을 타고 넘어와 여름의 신호처럼 흐릅니다. 학교 옆으로 펼쳐진 논에는 모내기를 끝낸 논과 막 시작한 논이 뒤섞여서 온통 반짝이는 물들로 찰랑거립니다. 일찍 심은 논의 어린모는 땅내를 맡아 기운 찬 모습으로 꼿꼿합니다.

논에 물을 대러 가는 아이 아버지를 따라갔습니다. 뜨거운 유월의 햇살 아래 땅내 맡은 연초록 모들이 참으로 어여쁘게 자라고 있었습니다. 논물이 햇볕 아래 뜨거워져 있고, 수많은 수생 생물들이 잔잔한 파문을 일으키며 움직였습니다. 고물고물 움직이는 작고 검은 올챙이 무리, 등에 알을 지고 다니는 물자라도 보이고 잠자리유충과 소금쟁이, 물방개가 빠르게 움직입니다. 그 속에 유난히 많은 개체수를 보이는 것은 우렁입니다. 자잘한 새끼 우렁과 커다란 어미 왕우렁이가 유영합니다. 심어진 어린모의 허리쯤에는 이따금 주홍빛 알 무더기가 보입니다. 왕우렁이의 알입니다. 우리 논에는 따로 우렁이를 넣은 일이 없는데 이웃 논의 아저씨께서 몇 년 전 우렁농법으로 농사를 지으신 적이 있었습니다. 그 후 우리 논에도 우렁이가 보이기 시작하더니, 작년에는 제법 많은 우렁이가 논에 서식하였습니다. 우렁이가 논에서 잡초를 먹으니 따로 제초제를 치지 않아도 된다고 동네어른들께서 말씀하셨습니다. 논에서 나간 우렁이는 근처의 수로와 개울에도 많이 서식하고 있습니다.

저녁에 시어머니께 우렁이가 논에 아주 많더라는 이야기를 하였습니다.

"어무이, 논에 우렁이를 잡아 삶아서 골뱅이 무침을 만들어 묵어보까예?"

"그 큰 고디(고둥, 우렁의 방언)는 삶아 본께 좀 질기고 맛이 없더라. 옛날 우리 논에서 잡아 묵은 고디는 연하고 쫀득한 기 찜을 해먹으면 참 맛이 있었는데 말이다. 지금 논에 있는 고디는 다른 나라에서 온기라 크기는 커도 맛은 영 몬한가 보더라."

논에 있는 우렁이가 외국에서 들여온 것이라면 우리 토종 우렁이와 분명 다를 것이라는 생각으로 옆집 아저씨께 여쭈어보니,

"이 우렁이는 남미 오데서 들여온 것이라 크기가 커서 왕우렁인기라. 크기도 크고 우리 토종 우렁이는 새끼를 낳는 데 이 우렁이는 알을 시도 때도 없이 낳는기라. 그래서 엄청시리 번식을 잘한다 아이가. 원래는 겨울에 얼어 죽어야 하는데 우째 된 일인지 안 죽고 살아 있다 아이가. 그래서 내가 논에 우렁이를 따로 안 넣어도 바글바글한 기라."

"그러면 우리 땅에 사는 다른 생물들에는 영향을 안 미칠까요?"

"내 우짜모 이 우렁이가 황소개구리 맨치로 막 퍼지는 거 아인가 걱정이라카이."

집에 도착해서도 우렁이가 생태계를 교란할 수 있다는 생각에 괴로웠습니다. 우리의 자연은 각 지역의 환경과 서식 조건에 따라 동식물이 그에 맞게 진화 번성하였습니다. 인간의 적절치 못한 동식물의 유입은 생태계의 불균형을 초래하기도 하고 심지어 인간의 생존권을 위협하고 생태계가 파괴되기도 합니다. 인간들이 저지른 잘못으로 인한 대표적 생태 교란 사례를 살펴보면 해충의 박멸을 위해 보급된 호주의 두꺼비로 인간의 오만한 편견은 곧 화를 불러오게 되었습니다. 식성이 좋은 이 두꺼비 떼는 해충뿐만 아니라 자연의 먹을 수 있는 모든 것들을 집어삼키기 시작합니다. 또한 두꺼비 본연의 독은 매우 강해서 자연 상태에서 천적이 거의 없어 지금은 정부 차원에서 이 두꺼비를 몰아내기 위해 해마다 두꺼비 잡기 캠페인을 벌이고 있다고 합니다. 다른 나라의 예를 들지 않더라도 우리나라 역시 생태계 교란에 대한 대책도 없이 들여온 수많은 외래종에 의해 우리의 토종 생물들 그 존재가 위태롭습니다.

우렁이는 어렸을 적 논고둥이라며 잡아서 삶아 먹었습니다. 먹을 것이 귀하던 시절에 논고둥은 훌륭한 영양의 공급원이었습니다. 우렁이 분비물인 뮤신점액질에는 콘드로이친이라는 성분이 함유되어 있어 스태미나에 매우 좋다고 하고, 칼슘과 철분 그리고 비타민이 풍부하여 노약자나 어린이 임산부 등에게도 매우 좋은 건강식품입니다. 어렸을 적 추억의 맛이 그리워 지금도 우렁이를 찾는 고객이 많다고 합니다. 우리 재래종 논고둥은 새끼를 낳지만 양식 우렁이는 알을 낳습니다. 토종 우렁이는 어미의 몸을 먹이 삼아 먹고는 어느 정도 크면 밖으로 나옵니다. 어미는 자기를 희생하여 새끼를 낳고 죽는 가시고기처럼 자기를 희생하는 논고둥의 성스러운 죽음이 우리를 되돌아보게 합니다. 세상의 살아 있는 모든 것들의 자식 사랑은 하늘같이 높은가 봅니다.

왕우렁이가 무슨 잘못이 있을까요? 주홍색의 수많은 알을 쏟아내고 개체수를 늘이는 것은 자신의 삶에 충실할 뿐이고 남미의 왕우렁이가 우리나라에서 얼어 죽지 않고 적응하여 월동을 하는 것은 그 환경에 적응하여 진화하는 생명 본연의 모습입니다. 왕우렁이는 우리 땅에서 제초제 대신 논의 잡초를 제거하는 임무에 충실하고 타고난 자신의 모습으로 살아갑니다. 제초제를 뿌리지 않아도 농사가 잘 되게 만들어주어 농민들에게는 착한 우렁각시일 뿐입니다. 농민의 수고로움을 덜어주어 논에 나 있는 수많은 잡초를 없애주는 착한 우렁각시를 우리들은 자신이 살고 있던 이역만리에서 들여와서는 논에다 풀어놓고 겨울이면 당연히 동사할 것이라 믿었습니다.

그러나 자연은 우리가 생각한 대로 되는 게 아닙니다. 생명의 존엄성에 대해 너무나 무지하였습니다. 이제라도 이역만리에서 우리 생태계의 상황을 고려하지 않고 무지하게 인간의 이익만을 위해 동식물을 함부로 들여오는 것에 신중해야 할 것입니다. 지금부터라도 우리 땅의 생태계를 교란하는 많은 동식물에 대해서 계속 관심을 가져야 하지 않겠는가. 뜨거운 유월의 햇살 아래 어린모의 줄기에 왕우렁이의 알들이 붉은 루비처럼 빛나고 있습니다. 우리 논에서 저들은 부화하여 여름 내내 잡초를 갉아 먹으며 나이 먹은 시어머니의 시름을 들어주리라.

우렁이 하면 설화 우렁각시가 떠오릅니다. 어렴풋이 생각나는 애기지만 광활한 논바닥 한가운데 서서 게으름을 푸념하는 총각의 얘기를 옆에서 듣고 있던 우렁이가 항아리에 숨어 각시가 된 후 하루 두 번씩 나와 아무도 모르게 밥상을 차려놓고 간 착한 마음의 상징으로 남은 우렁각시가 아닌가. 맛이 좋은 만큼이나 마음씨도 착한 우렁각시가 이 시대에도 필요로 하는 곳이 많을 것 같습니다. 하지만 착한 우렁각시를 바라보는 내 마음이 편하지만은 않고 안타깝습니다. 생각이 깊어진 까닭입니다.

■ 번역수필(우렁각시)

A bride called pond snail

translated by Gwon dae-geun

Fresh-looking sweet first summer is following. Chestnut's clouds of odour from the mountain standing in front are flowing, gone over through windows of classroom raising a signal of approaching summer. In rice-paddy field spreading beside school one's rice-planting finished, and one's setting out rice plant are fixing one another, filling in flash with water to the brim. Young rice-plants in early planting with plenty of spunk are taking root in the ground to stand up right, having the smell of soil.

Drawing water for a rice paddy, a child followed his father. On the soil of a rice paddy young green rice-sprouts are growing so cute. Water of rice paddy got hot, and aquatic plants moved to ripple briskly. Lots of tadpole small, black wriggle themselves, and there appeared snapping turtle sat on eggs on the back. Larvae of mud turtle, a pond skater and a diving beetle moved so fast. Among them pond snail shows us many a individual population unusually.

The young pond snail and big mother-one are well-known. Often red pond snail in berry is shown around the waist of young rice paddy. Those are a clutch of eggs in big pond snails. In our rice paddy there was nothing to insert pond snails on purpose, but Woo-kil uncle in our neighboring farmer had been farmed out as his agricultural method in pond snails. After that, our rice paddy began to show some pond snails, and last year much more they began to live in rice paddy. "Therefore, since they ate weeds in rice paddy, there was no need of using a weed-killer" admitted old villagers, altogether in one voice. More of them fallen into a ditch and nearby waterway live in the water.

"Towards evening to mother-in-law there are in plenty of pond snails" was reported. "Momma, can we have pond snails taken in rice paddy to mix golbaeng-ee with seasonings to be boiled for cooking ? "Such a big spiral shellfish(a dialect of pond snail) was not so good appetizing and tough in after-taste to boil them. Once upon a time, pond snails of yore taken them from rice paddy of ours taste good, soft and sticky to be boiled for eating. Now yet, those in rice paddy would come from different country, so the size of it is very big but unsavory to taste it afterwards."

As thinking that ones in rice paddy come from foreign country was quite different than ours, native born, I asked neighboring uncle Woo-kil, "these ones permitted the import of goods from South America, not only these are so big as king pond snails in one' s size, but also bigger than ours, and so, while in case of laying eggs, they keep on laying eggs the year round, not for ours. Moreover, they multiply themselves enormously, didn't they ? By nature, they should die to be frozen, but for all that they yet keep on their living during the winter season. And so, separately without throwing them for me, they are enough swarming with themselves."

"And then, didn't they have an influence on the other living things in this country?" "There might be something unexpected happening over there by these ones like frogs strong, spreading as bull-frog named," I was tortured by thought of how they might disturb ecology, to be getting home. According to conditions of living and regional environment im our nature, animals and plants have evolved from suitable for one's purpose. Human inflow unsuitable of bionomic system even substence on human misfortunes accompanying with their breakdown. On behalf of several examples upon human mistakes come from disturbance of ecology human pride and prejudice supplied Australian toads to exterminate harmful insects would bring soon a calamity upon oneself. Feeding habits of greedy toad groups begin not only to swallow vermin, but also all the things in nature. Moreover, so strong of toad's poison that they haven't any natural enemy. Now it is said, in governmental dimension one would try to have toad-extermination drive every year. It would be unnecessary to multiple examples of other countries. Our country also made free use of another' s foreign animals and plants from abroad to be dangerous on our provincial gentry through our insincerity to cope with a difficulty.

We used to have it, boiling pond snails regarding as a spiral shellfish living in rice paddy, when usually in our younger age. Finding it hard to make a living these one were a good scource of food supply for our nourishment. As from a mucous secretion of pond snail's high components of chondroizin are contained, it was so good for stamina, and they calcium, iron content and vitamin content are so rich that it was also very good healthy foods to the pregnant women' children and the old and the weak. Making us good flavor reminiscent of old times there are many costomers to find them by now. Our native shellfish living in rice paddy brings forth its young, but raising pond snails used to brood. Our native pond snails would eat body of one's mother as food stuffs. One's mom saceifices oneself to bring forth its young, and then died at last like self-sacrificing thorny fish(spiny fish ?) secret death of spiral shellfish on rice paddy makes us look back at ourselves. Loving one's own child of all living creatures on earth seems to be so high just as heaven.

What kind of mistakes did king pond snail commit ? Partly pouring many red eggs and increasing population must have been faithful to one's lives, and partly what king pond snail in South America not frozen to death in Korea well adapted and staying over the coldest season can be called an ideal way of evolved natural life to adapt one's environment. In stead of weed killer in our country they are faithful to one's duties to get rid of weeds on rice paddy living into one's inborn figures. In order to take better agricultural management without throwing weed killer, only a good bride called pond snail enables farmers to do it. When we imported her in a strange land, who can exterminate lots of weeds on rice paddy to take out of farmer's pains, and set her at rice paddy, we naturally believed in her death from cold during winter season.

But nature is not in a fair way to become what we think about. We betrayed our ignorance about the dignity of life awfully. From now on , in order to get human profits we shall have to be sincere for importing random foreign animals and plants without considering our ecological situations. Now is the time for the many animals and plants to disturb ecology in our land to rouse ourselves to action.

Under hot sunlights of June king pond snails' eggs against the young stems of rice plants shine brightly like reddish ruby. In our rice-paddy they are hatched and encroached weeds during summer to decrease or relieve anxiety of mother-in-law's. Pond snail reminds me of legend of a bride called pond snail. Though it was a story of being vaguely informed, standing in the middle of vast rice paddy to eavesdrop on the conversation of a bachelor's who had an idle complaint about negligence by him. Hidden into an earthen warepot, came out of it twice a day, to serve a small dining table nobody knew. That's just a bride called pond snail to do it remained as a symbol of practice virtue.(good–natured being) It is necessary to require her in this time, who is also so good–tempered as to one's taste good. however, my mind is inconvenient, tantalized at looking her due to my prudence.

봄 눈

봄눈이 쏟아진 강마을의 설경이 눈부십니다. 봄눈 속의 산기슭은 그대로 은은한 한국화 한 자락입니다. 앞산이 훤하게 이마를 빛내며 다가선 아침입니다. 푸른 물감 풀린 수채화라기보다는 백지의 여운이 가득 드리운 산수화입니다. 나직이 순하게 녹아내리는 소리가 풀섶 어디쯤에선가 속삭임으로 들려옵니다.

곡우를 며칠 앞두고 쏟아진 눈을 보니 마음이 무겁습니다. 저 산 중턱에 피어난 진달래가 파랗게 얼어 있으리라. 흰 소녀 같은 조팝나무 꽃은 또 어떻게 지내는지… 어젯밤 길거리에 섞여 내리던 눈비 속에 연분홍 벚꽃 송이가 보였습니다. 꽃인지 눈인지 구분이 되지 않았습니다. 눈 같기도 하고 꽃 같기도 한 것이 자동차 라이트에 비치었고 날리었습니다. 마음이 짠합니다.

올봄은 왜 이리 궂은 것일까요? 못다 핀 영혼들이 휘몰아치는 봄눈을 맞으며 서해의 찬물 속에 잠기어 있어서일까요? 슬픈 봄입니다. 바깥을 보니, 어느새 봄눈이 다 녹고 보이지 않습니다. 햇살이 나자마자 스르르 소리 없이 사라져 버린 봄눈을 보니 '봄눈 녹듯이' 라는 표현이 생각납니다. 겨울눈과 다르게 봄눈을 금방 녹습니다. 아무리 많이 쏟아진 눈이라도 햇살이 나기만 하면 어느새 천지에 자취도 없이 사라져 버립니다.

몇 년 전 진도에 간 적이 있습니다. 2월 말 3월 초 즈음으로 기억됩니다. 진도 운림산방을 보고 싶어 밤늦게 출발하였습니다. 그날따라 왜 그렇게 눈이 많이 쏟아지는지요.

진도에 도착해 보니 눈이 십여 센티는 쌓여 있었습니다. 그래도 이미 나선 길이어서 돌아가지도 못하고 운림산방이 있는 시골마을에서 하루를 묵었습니다.

깜깜한 섬마을의 밤, 불 켜진 곳 하나 없는 마을에 있는 작은 여관의 문을 두드려 잘 곳을 정하고 늦은 저녁밥은 여관 앞 구멍가게 할머니께서 끓여주시는 라면으로 대신하였습니다. 시큼한 김치 한 종지에 김이 나는 라면은 참 꿀맛이었습니다. 하지만 걱정이었습니다. 푹푹 빠지게 쏟아진 눈 때문에 다닐 수 있을지 난감하였습니다.

하지만 다음 날 쏟아진 햇살 사이로 보이는 진도의 풍경 속에 눈은 거의 보이지 않았습니다. 그렇게 무섭게 쏟아진 눈이 일시에 녹아버리는 모습을 보면서 '봄눈 녹듯이 녹아버렸다.' 라는 말의 의미를 비로소 이해하였습니다. 점심때가 되기도 전에 진도 천지에 눈은 보이지 않았습니다. 그리고 눈 녹은 질퍽한 황토 땅에 파릇한 대파와 봄배추가 싱그러웠습니다. 진도의 봄눈은 푸른 채소에게 필요한 수분을 제공하는 존재일 것입니다.

봄눈이 녹아버린 운동장에 아이들이 햇살을 즐기며 뛰어다닙니다. 잠시 화단에 앉아 땀방울을 흘리며 운동장을 뛰어다니는 소년들과 볼이 붉은 소녀들이 줄넘기를 하는 모습을 지켜보았습니다. 봄볕에 새로 피어난 새순 같은 아이들은 무엇이 즐거운지 내내 까르르 웃어댑니다.

아이들 옆으로 팔랑팔랑 노랑나비가 날아다닙니다. 아이들의 웃음소리는 바람결에 노랑나비가 되어 아이들 사이를 나폴나폴 날아다닙니다. 기분이 좋아진 나는 아이들에게 줄넘기 줄을 빌려 잠시 2단 뛰기를 해 보았습니다. 그래도 예전 실력이 줄지 않았는지 열 개 정도는 너끈하게 합니다. 눈을 반짝이며 이학년 여학생들이 잘한다고 손뼉을 칩니다. 조금 으쓱해지면서 기분이 좋아 자랑을 합니다.

누구든지 칭찬은 이렇게 좋습니다. 수업시간에 시를 잘 썼다는 말 한 마디에 아이의 얼굴에 화사한 복숭아꽃이 눈부시게 피어나기도 하고, 목소리가 우렁차고 멋지다고 어떤 남학생에게 칭찬을 하였더니 웅변대회에 가고 싶은 사람이 있느냐고 물으니 살포시 손을 들었습니다.

이렇게 우리는 따뜻하고 다정한 마음을 건네고 살아야 하는데 그렇지 못한 자신을 발견합니다. 고마운 것이 있으면 그 고마운 마음을 따뜻한 말 한 마디로 표시하고 잘못한 것은 사과하고 사는 삶이 사람다운 삶이라 생각합니다.

그런데 저는 무심하여 다른 이에게 상처를 많이 주는 사람입니다. 그냥 아무 생각 없이 던진 한 마디가 가슴에 박혀 남을 아프게 한 적이 많습니다. 이제부터라도 봄 햇살처럼 따뜻한 말로 언제나 환하게 웃어주고 격려해주는 그런 사람이 되어 보고 싶습니다.

사람의 말에는 마법의 힘이 있다고 합니다. 무심히 던지는 한 마디의 따뜻한 격려가 아이에게 희망이 되고 꿈이 되기도 할 것입니다. 작은 칭찬거리 하나라도 찾아서 진심이 담긴 희망의 씨앗을 아이들의 가슴에 심어 주는 그런 교사가 되는 꿈을 꿔봅니다.

거리에서, 오고가는 복도에서, 아이들을 스치며 삶의 참 모습을 읽을 것입니다. 생존의 기쁨도 나누고, 행복의 대열에 동참한 봄눈의 의미를 확인하면서 지척거림 없이 확신에 찬 시선으로 봄눈에 젖은 산을 바라봅니다.

점심 종이 울리자, 아이들은 나에게서 줄넘기 줄을 받아들고 쪼르르 달려가 버립니다. 전 5교시 수업이 비었기에 잠시 뒤쪽 운동장을 돌아 산책을 하며 교무실로 갔습니다. 화단 옆에는 흰 냉이 꽃이 피었고요. 노오란 민들레 포기며 진홍의 광대나물도 정말 예쁘게 피어납니다. 세상의 꽃은 어쩌면 저리 고울까요. 민들레 한 송이를 꺾어 코끝에 대어 봅니다. 정말 봄 향기가 풍겨옵니다.

강마을에 눈은 내린다기보다는 젖는다는 표현이 나을 것입니다. 봄눈이 가뭇없이 사라진 운동장에 서서 세상사 모든 이들의 어려움이 '봄눈 녹듯이' 사라지기를 빌어봅니다.

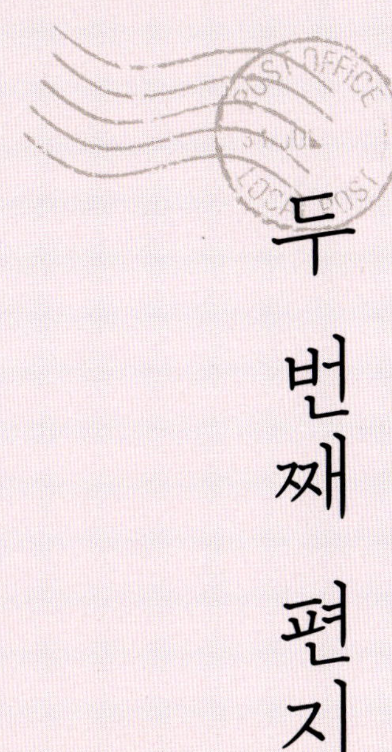

두 번째 편지

웅어

자두나무가 드디어 꽃망울을 터뜨렸습니다. 부드러운 바람이 자두나무 꽃잎을 향해 손짓합니다. 오래전부터 바람은 나무를 연모해 왔나 봅니다. 흰 꽃구름을 이룬 언덕을 보니 봄의 고른 숨소리가 느껴지는 듯합니다. 봄이란 말은 그 자체로 생기로 가득 차 있습니다. 사람 마음이란 것이 이렇게 간사합니다. 얼마 전까지만 해도 봄은 영영 올 것 같지 않게 춥다고 투덜거렸는데 휘황한 꽃구름 앞에 봄이 왔다고 방싯거리니 말입니다.

봄 마중을 하러 두 아들과 마산의 주봉인 무학산을 올랐습니다. 만날 고개를 시작으로 대곡산을 지나 안개약수터를 거쳐 꼭대기에 올랐습니다. 무학산 정상에 서니 합포만 호수 같은 봄 바다 위에 어여쁜 돝섬이 둥실 떠 있었습니다. 옆으로 펼쳐진 학봉의 험준한 바위 사이로 진달래가 드문드문 보입니다. 무뚝뚝한 경상도 남자 같은 바위 옆에 눈웃음이 사랑스러운 진달래가 어여쁩니다. 하산길에

만개한 진달래를 따 먹으니 달큼쌉살한 맛은 그대로 봄이 입안에서 느껴집니다. 내가 먹으니 초등학생 아들이 같이 한 개를 따 먹습니다. 그러고는 "무슨 맛으로 먹느냐?"고 합니다. 봄맛으로 먹는다고 그랬습니다.

진달래 옆에 생강나무 꽃이 참으로 소복소복 샛노란 눈송이 모양으로 피어 예뻤습니다. 아이들이 산수유 꽃이라고 하길래 생강나무 꽃이라고 고쳐 주었습니다. 사실 산수유와 많이 닮아 구별하기가 쉽지 않은 봄꽃입니다. 노란 꽃송이에 코를 대니 알싸한 향이 참 좋습니다. 이 나무는 잎과 가지에서 생강 냄새가 나서 생강나무라고 합니다. 꽃과 어린 잎은 차로 만들고, 잎으로 부각을 만들어 먹기도 하고, 깻잎처럼 장아찌를 담그기도 합니다. 또 그 가지와 껍질은 한방에서 '황매목' 또는 '삼찬풍' 이라 하여 약재로 많이 쓰인다고 합니다. 참으로 재색을 겸비한 나무랄 데 없는 우리 꽃입니다.

남녘의 꽃소식을 듣고 먼 곳에서 벗이 찾아왔습니다. 벗을 대접하기 위해 남강 지류가 흐르는 곳으로 웅어회를 먹으러 갔습니다. 웅어회라는 말에 주당들은 벌써 소주 한 잔을 할 생각으로 싱글벙글합니다.

웅어는 강가에서 산란하고 바다로 가서 성어가 된 후 다시 강가로 회귀하는 청어목 멸치과에 속하는 회유성 어종입니다. 웅어의 모습은 몸 전체가 칼처럼 생겼습니다. 입이 대단히 커서 아감덮개 뒤까지 벌일 수 있고 아래턱이 짧고 뒷지느러미가 대단히 길며, 꼬리지느러미와 연결되어 있습니다. 등은 암청색, 배는 은백색입니다. 모습이 전어와 비슷한데 좀 길쭉하다고 생각하시면 쉽게 이해가 될 것입니다.

조선시대에는 웅어를 잡아 진상하던 위어소葦魚所라는 곳이 한강 하류의 고양에 있었다고 합니다. 《자산어보兹山魚譜》에는 웅어를 도어㺚魚라 하고 속명을 위어라 하였으며 빛깔이 희고 맛이 좋아 회도 상품이라 하였습니다. 웅어는 《세종실록지리지》의 토산조에 이미 등장하고 있다고 합니다. 옛날에는 박달나무를 태워 웅어를 훈제품으로 만들기도 하였다고 합니다. 봄이면 웅어는 바다에서 강으로 올라와서 갈대밭에 알을 낳습니다.

가을 전어의 고소한 맛에 버금가는 맛난 횟감으로 가시가 많기는 하지만 감칠맛에 주당들은 모두가 웅어철을 기다립니다. 예전에는 매우 흔한 생선이었지만 지금은 강이 오염되어서인지 올라오는 양이 예전보다 적다고 합니다. 특히 웅어는 한강의 행주지방이 가장 유명하였다고 합니다.

겸재 정선의 한양진경 중 하나인 '행호관어'에 그 모습이 남아 있습니다. 간송미술관 최완수 선생의 글에 따르면 '행호관어'는 '행호杏湖에서 고기 잡는 것을 살펴본다'는 뜻으로 큰 규모의 고기잡이 행사가 벌어지는 것은 별미 중의 별미인 이곳의 웅어와 하돈河豚(황복어)이 잡히는 철이기 때문이랍니다. 이것들은 모두 수라상에 오르는 계절의 진미였으므로 사옹원司饔院에서는 제철인 음력 3, 4월이 되면 고양군과 양천현에 진상을 재촉했다고 합니다. 그러면 두 군 · 현에서는 고기잡이배들을 모아 본격적으로 웅어와 복어잡이에 나섰고, 이 그림은 그 아름다운 행호에서 전개되는 고기잡이 모습을 그려낸 것입니다.

행호 강안에서는 앞뒤로 7척씩의 고기잡이배가 대오를 지어 고기잡이에 열중하고 있습니다. 아마 고기잡이 노래가 강물 위에 가득 넘쳐흐르고 황금빛 복어와 은빛 찬란한 웅어가 그물에 갇혀 펄떡펄떡 뛰고 있을 것입니다.

하지만 지금은 행주 웅어뿐 아니라 우리 강 어디에서나 볼 수 있었던 웅어를 기억하는 사람도, 알고 있는 사람도 많지 않습니다. 웅어는 우리나라의 큰 강 하구로 올라와 알을 낳는데, 대부분의 강은 하구둑으로 막혀버렸거나 하천 정비 사업과 골재 채취, 수중보 설치 등으로 강 주변 환경이 파괴되고 말았습니다. 봄이면 바다에서 강으로 돌아와 칠팔월에 갈대밭을 찾아와 산란한다고 해서 위어葦(갈대 위)로도 불립니다.

갈대밭은 웅어가 살아가는 데 매우 중요한 조건입니다. 그러나 강 주변의 개발사업이나 하구둑 공사로 갈대밭이 많이 사라졌고, 오염된 강물은 봄의 진객 웅어를 맞이할 수 없는 지경이 되었습니다. 웅어가 돌아오지 않는 강이 되어버린 슬픈 현실이 참으로 안타깝습니다. 누구를 원망할 것이 아니라 개발의 논리에 밀려 버려 놓았던 우리의 환경은 어느새 우리에게 물고기가 돌아오지 않는 강으로 되돌려준 것입니다.

자두나무의 긴 그림자가 다시 내 눈앞에 너울거립니다. 강물 가득 미리내 은물결이 흐르는 듯합니다. 봄의 진객, 웅어를 내년 봄에도 이 강에서 만날 수 있기를 빌어봅니다.

오리나무와 찔레꽃

초록빛 물결에 파묻힌 것 같은 나무에는 어쩐지 정이 갑니다. 팔룡산 등산길에 오리나무의 어린 순이 부풀어 있습니다. 수원지 주변의 돌탑과 주변에 심어진 오리나무의 꽃차례가 처녀 가슴처럼 봉긋하게 느껴집니다. 겨우내 맨살 그대로 바람에 떨던 마른 줄기지만 그 속에 푸른 꿈을 안고 있었음을 알기 때문입니다. 입춘지절이 지나면 금세 콩고물이 묻혀진 털실 같은 오리나무 꽃이 연둣빛 노리개수술이 될 것입니다. 바람 끝이 맵긴 하지만, 봄은 어느새 우리 곁에 와서 귓가를 간질거리고, 볼을 만지고 보드라운 숨결을 불어댑니다. 겨울은 무겁고 두터운 솜이불로 추위를 막는다면 봄은 연하고 보드라운 연분홍 스카프처럼 살포시 사랑으로 붉어진 마음을 가릴 것입니다.

순하게 누운 잔디, 그리고 연하디연한 새순들의 화음이 아지랑이로 피어올랐습니다. 이름 모를 야생화가 앳된 미소로 피어 있습니다. 봄을 알리기에 한창 바쁩니다. 하루가 다르게 꽃망울이 실해지는 오리나무의 그늘에는 찔레꽃의 푸른 잎이 소복합니다. 보이지 않는 잔바람에 나부끼는 찔레꽃이 이름 모를 봄꽃을 향해 귓속말이라도 전하는 걸까? 소곤대듯 고개 숙인 찔레꽃에 봄나무가 잠시 귀를 기울입니다. 오리나무의 봉곳한 꽃봉오리를 보면서 봄은 어쩌면 가벼운 웃음 같다는 생각을 합니다. 한동안 시선을 주고 있으니 하늘하늘 줄기 끝에 살며시 치켜든 꽃잎들이 웃음을 터트릴 것 같습니다. 봄은 민들레 씨처럼 바람에 날아다니고 작은 산새처럼 포롱포롱 날아다니는 그러한 것이 아닐까요.

요즘 웃을 일이 없어도 많이 웃고자 노력합니다. '행복해서 웃는 것이 아니라, 웃어서 행복하다' 는 구절이 있듯이 별 다른 일이 없어도 그냥 많이 웃으려고 노력합니다. 내가 근무하는 작은 시골 중학교 아이들은 별것도 아닌 일에도 하얀 이를 드러내며 깔깔거리며 웃습니다. 동무의 등 뒤에 '나는 바보' 라고 쓴 쪽지를 붙여 놓고는 그 속여 넘어가는 재미에 눈물이 나도록 웃어댑니다. 생명의 피솟음을 느끼게 하는 풀향기며 솔바람이 이러할까. 순수를 머금은 아이들이 연출하는 웃음꽃 속에서 생명에의 순수를 배웁니다. 아버지를 잃은 슬픔의 고통 속에서 쓰러질 것 같을 때면 아이들이 주는 환한 웃음꽃 줄기 그 한 끄트머리를 붙잡고 견뎌온 나날이 아니었던가.

"선생님, 이 뒤 좀 보세요. 호호호"

"자기가 바보래요. 까르르"

와르르 쏟아지는 아이들의 웃음소리는 그대로 노랗고 파란 풍선처럼 교실에 둥둥 떠 있는 듯합니다. 작은 산새가 바람을 타고 날아다니듯 가볍고 밝습니다. 나는 이런 아이들의 웃음소리를 사랑합니다. 아이들의 웃음이 번질 무렵에 꽃이 피기 전 긴장감처럼 파르르 떨리던 입가 근육의 작은 경련이 좋습니다. 입가를 거쳐 눈가로 이동하던 근육은 눈 모양을 가늘고 길게 늘여서 반달모양으로 만듭니다. 반짝반짝 눈빛이 별처럼 반짝입니다. 눈가를 지나 다시 근육의 움직임은 장난을 칩니다. 콧방울에 힘이 들어가고 콧구멍이 벌렁벌렁해지면서 커졌다 작아졌다를 반복하면서 콧물과 심하면 눈물이 함께 분비됩니다. 이렇게 웃음에 감염된 아이들의 입속에서는 동글동글하고 색색의 눈부신 언어 덩어리들이 쏟아져 나옵니다. "호호호, 히히히, 깔깔깔, 하하하, 까르르르" 맑은 개울가 어여쁜 자갈돌 굴러가는 소리들이 여기저기에 쏟아지는 교실은 웃음의 꽃밭, 소리의 축제입니다.

언뜻 뻐꾸기 소리가 들립니다. 외로운 듯한 소리가 가슴마저 설레게 합니다. 그것은 어쩌면 잊고 있었던 내 마음속의 울음일지도 모른다는 생각에 머뭅니다. 호젓이 들려오는 그 울음소리를 듣고 있으려니 상념이 나를 어느새 찔레꽃 추억 속으로 내밉니다. 갑자기 울음이란 단어가 떠오릅니다. 한 깊은 넋의 애소이듯 섧게 들렸던 뻐꾸기 울음소리 때문입니다. 가볍고 사랑스러운 웃음에 비해 울음이란 말은 무겁습니다. 한 방울의 울음도 무겁고 또 무거워 땅으로 스며들어 아래로 아래로 흘러갑니다. 가슴 깊은 곳을 울리고 나와 땅속 깊은 곳을 무겁게 흘러서 울음의 강을 만드는 것이리라. 긴 설움은 사람의 깊은 심성을 가로질러 흐릅니다. 그래서 눈물도 흐르고 울음도 흐르고 슬픔도 흘러서 긴 감정의 강을 지나 바다로 바다로 갑니다. 그 바다에 닿으면 그 마음 한 자락을 놓아버릴 수 있습니다.

벌써 7년 전, 아버지를 보내고도 봄은 일곱 번이나 되풀이되었습니다. 친정아버지를 하얀 찔레꽃이 피는 언덕에 두고 내려올 때 생긴 제 울음의 강은 그때부터 흐르기 시작하였습니다. 하얀 찔레꽃만 보아도 내 마음에는 왜 그렇게 샘이 많은지 울음이 낮게 낮게 흘러갔습니다. 하얀 모시옷자락만 보여도 그 울음의 강은 마르지 않았고, 긴 슬픔도 더 세월이 흐르면 아늑한 바다에 도착해 있었습니다. 하지만 아래로 아래로 흐르는 무거운 아픈 울음이 아직은 저기 아득한 들판을 달리고 있습니다. 안으로 다스려온 슬픔이 더 이상 차마 견디지 못한 것입니다.

봄이 온유의 미소로 발길 어여쁘게 다가옵니다. 친정아버지를 생각하는 제 마음밭 언저리에도 언젠가는 자잘하고 어여쁜 봄꽃같이 가볍고 부드러운 웃음꽃이 피어날 것입니다. 지금 당장 흐르는 강물을 막으려 하지 말아야 하듯이 세상의 순리에 몸을 맡겨야 하지 않을까요. 겨울이 가면 언젠가 봄이 오듯이 슬픔이 다하는 자리에 새파란 새순이 돋고 그 잎자리 끝에 작은 꽃봉오리 하나 맺힐 수 있도록 하리라. 뜨거운 애정으로 보듬고 싶은 아이들의 웃음소리가 아직도 선선하고, 내 마음밭을 유영하는 강물이 있기에 내 삶에도 곧 신록이 찾아오지 않겠습니까. 조춘의 햇살이 오늘따라 곱고 눈부십니다.

여름 화단에서

아파트 앞 화단의 잡초를 뽑고 말라가는 초롱꽃대를 잘라 정리를 하였습니다. 작년에는 수많은 초롱꽃이 댕댕 종소리를 내듯 아름답게 피어났었습니다. 진보라, 연보라, 흰색의 초롱꽃이 화단에 가득하여 참 아름다웠습니다. 그런데 올해는 꽃대가 훨씬 적습니다.

올해 눈에 띄게 줄어든 초롱꽃 무리와는 다르게 그 개체수를 늘인 것은 원추리입니다. 몇 년 전 지인이 예쁘다고 선물로 준 각시원추리 한 포기를 화단 구석에 옮겨 두었더니, 해마다 노오란 꽃을 몇 송이씩 참하게 피웠습니다. 꽃 핀 자리마다 씨앗이 맺히더니, 올봄에는 원추리가 화단 여기저기에 많이 돋아나 있었습니다. 꽃밭의 주인 행세를 하던 초롱꽃이 자리를 내어주기 시작한 것이고 그 자리에 원추리가 당당히 입성한 것입니다. 새로운 은막의 스타가 막 등장하듯 그렇게 무수한 꽃대를 올리기 시작한 것입니다. 며칠 후면 원추리꽃이 화사한 연회복 차림으로 레드카펫에 등장하여 쏟아지는 플래시 세례를 즐기는 신성이 될 것 같습니다.

생태계의 법칙은 무엇일까요? 여릿여릿 보이는 작은 풀꽃 하나도 살아남기 위해 온힘을 다하여 전략을 세웁니다. 꽃다지와 봄까치 꽃과 광대나물들은 새봄이면 누구보다 먼저 손톱보다 작은 꽃을 피웁니다. 봄눈이 미처 녹기도 전에 살기등등하던 겨울이 기세를 꺾어 버릴 즈음이 되면 어느새 볕바른 양지에 노랗고 붉은 작은 꽃을 피우는 것입니다. 키 큰 떨기나무는 그 큰 덩치 때문에 봄을 준비하는 기간이 길어집니다. 하지만 몸 가볍고 부지런한 풀꽃들은 부지런함을 무기로 틈새시장을 공략하는 것이죠. 스스로 더 강하게 진화하여 키 큰 나무들이 본격적으로 성장을 시작하기 전, 하얀 봄눈 사이로 눈을 녹이며 피어나는 노란 복수초의 처절한 아름다움은 우리들을 언제나 감동시킵니다.

여름 화단은 이제 원추리 세상입니다. 그 옆 울타리에는 작년에 옮겨 심은 루드베키아도 피었습니다. 멕시코해바라기라 불리는 여름 꽃의 강렬한 아름다움에 반해 어린 모종을 몇 포기 심었더니, 올해는 제법 이글이글 정열적인 얼굴로 피어납니다. 아메리카 원산의 루드베키아는 아무 곳에서나 잘 자라 영역을 넓히는 꽃입니다. 올해는 원추리가 꽃밭의 주인 행세를 시작했지만, 내년에는 이 작은 화단의 패권을 루드베키아와 다툴지도 모르겠습니다.

삶이란 이런 것입니다. 지금 우리가 이 자리의 주인으로 행세하는 젊고 튼튼한 젊은이지만, 언젠가 나보다 더 젊고 능력 있는 사람이 나타나면 이 자리를 물려주어야 할 것입니다. 그때 나는 어떤 자세를 가져야 할까요. 평소 타인의 아픔 따위를 무시하고 나의 기쁨을 향해 달린다면, 얼마나 슬픈 모습으로 퇴장을 하여야 할까를 생각합니다. 지금 내 곁의 소중한 사람과 눈을 맞추며 마음의 평화를 가진다면 내 자리를 내어 주어야 할 때 외롭지도 아프지도 않고 고요할 것이란 생각을 합니다. 우리 모두는 자연의 한 귀퉁이입니다.

인 내

이제는 눈길 닿는 길섶에 흔하게 작은 풀꽃을 볼 수 있습니다. 봄이 시작된 것입니다. 봄은 참 따사롭고 예쁘고 사랑스러운 말입니다. '봄, 봄' 하고 자꾸 부르면 입안에서 새싹도 돋아나고 봄꽃도 필 것 같으니까요.

경남 울주군 대운산엘 다녀왔습니다. 멀리 동해 바다와 울산의 공단지대가 보이는 아름다운 산이었습니다. 내원암이라는 작은 암자 쪽으로 하산을 하였습니다. 경남 최고의 명당이라는 말이 있다고 하는데 포근하게 산세가 감싼 곳에 위치한 암자는 안온하였습니다. 대웅전에 가서 부처님께 인사를 드리고, 이어 위쪽의 산신과 칠성님께도 인사를 드렸습니다. 내원암 초입에 500년 수령의 팽나무가 있었습니다. 오랜 세월 그 자리에 버티고 서 있었을 팽나무 어른께 인사를 드렸습니다. 경의를 표하였습니다.

저는 요즘 인내라는 말보다 다만, 그 자리를 지킬 수 있는 힘에 대해 생각합니다. '강한 자가 살아남는 것이 아니라, 살아남은 자가 강한 것이다.' 이 말을 공감하고 또 공감합니다. 그저 살아냈다는 그 하나만으로 우리 곁에 있는 수많은 어르신들을 공경해야 할 것입니다. 온몸으로 버티어낸 그 결과는 뜨겁고 슬픈 힘으로 작용하여 내면에서 삶의 옹이로 남아 있는 것입니다.

긴 전쟁의 끝자락에서 가장 위대한 자는 그 전쟁을 승리로 이끈 자도 아니고, 큰 공을 세운 자도 아닐 것입니다. 그저 살아서 가족에게 돌아갈 수 있는 이름 없는 민초들일 것입니다. 포로가 되고 적의 화살을 맞고서도 죽지 않고 살아서 다시 가족들에게 돌아가 살아 있음을 온몸으로 보여주는 그 사람들이야말로 진정한 승리자인 것입니다. 주저앉고 싶을 때마다 저는 생각합니다. 제 삶이 아득하였을 때 자신에게 했던 말입니다.

"지금 나는 터널을 지나고 있다. 한 발만 한 발만 더 디디면 그리고 저 터널은 언젠가 끝나게 되어 있다. 그저 하루하루를 버티면 되는 것이다. 그러면 언젠가 어두운 터널을 벗어날 수 있을 것이다."

정말로 어느 날 그 터널의 끝에 서 있는 자신을 발견한 날이 왔었습니다. 아름다운 계획과 멋진 포부도 좋지만 힘든 이에게는 하루 하루를 버티게 해 주는 힘, 이것이 가장 중요하다고 생각합니다.

학교 화단의 귀퉁이에 핀 파아란 봄까치꽃을 봅니다. 지난겨울을 어떻게 이겨내었을까요? 잎줄기가 드문드문 말라 있고, 잎사귀는 얼어 색이 붉습니다. 그렇지만 죽지 않고 살아, 겨울을 버티어 내고 한 줌 쏟아진 봄 햇살 앞에서 누구보다 먼저 꽃을 피워 올렸습니다. 대견합니다. 그리고 존경스럽습니다. 제 삶도 저 풀꽃처럼 매일 매일을 버티고 견뎌, 단 한 줌의 햇살이 비추어주기만 하면 화안한 봄 꽃을 피우리라 다짐합니다.

봄 햇살이 아름답습니다. 그리고 그 봄 햇살이 가져다주는 행복이 참 좋은 날입니다.

욕망의 주체

강마을에 비가 내립니다. 보실보실 내립니다. 입춘 즈음이니 봄비라 불러야겠지요. 비는 멀리 보이는 강가의 은사시나무를 적시고, 운동장을 적시고, 히말라야 시다와 플라타너스 나무를 적십니다. 예쁘게 보실보실 내리는 비를 바라보며 뜨거운 커피를 마십니다. 크림과 설탕을 많이 넣은 달고 부드러운 커피를 한 잔 가득 마십니다. 이렇게 뜨거운 커피를 마시는 것이 제가 누리는 호사 중의 하나입니다. 아무리 바빠도 은사시나무와 눈을 맞추고 한 잔의 향기로운 커피를 마셔야 합니다. 아침 일과의 시작입니다.

요즘 학교 도서관에 새 책이 많이 들어와서 저를 행복하게 합니다. 도서관 가득 펼쳐진 신간들과 제가 읽고 싶었던 책이 쌓여 있습니다. 마치 맛난 음식이 가득 펼쳐진 밥상처럼 저를 유혹합니다. 학기말 정리와 새 학기 준비, 졸업식 준비로 바쁘지만 사이사이 짬을 찾아 책을 읽습니다. 이렇게 저 같은 사람은 자기 하고 싶은 일을 하는 데는 인색하지 않습니다. 아무리 바빠도 틈을 찾아내는 것입니다. 그러나 하기 싫은 일은 바쁘다는 핑계를 만듭니다.

얼마 전 세미나에서 들었던 수필학 교수의 강의가 생각납니다. '욕망의 주체가 되라.' 는 말씀처럼 사람은 욕망하는 것을 먼저 하는 것입니다. 저는 그 말을 요즘 화두로 삼고 있습니다. 내가 진정으로 욕망하는 것이 무엇인지를 생각하고, 그 욕망에 얼마나 충실하고 진실하였는지를 생각합니다. 인간에게 욕망은 삶이고 에너지일 것입니다. 제 내면에 숨어 있는 욕망은 과연 무엇일까? 사람은 끝없이 욕망합니다. 그리고 그 욕망을 이루기 위해서는 반드시 대가를 지불해야겠지요. 아름다운 욕망도, 추한 욕망도 반드시 그 대가가 필요할 것입니다. 그것은 돈, 시간, 노력, 인내, 후회 등 많은 것들을 요구합니다.

제 속뜰에 쌓여 있는 수많은 욕망 씨앗들도 정리가 필요합니다. 봄이면 먼지가 켜켜 앉은 마음밭에도 비가 내리고 욕망의 씨앗들이 싹이 나고 잎이 자라겠지요. 그중 어떤 것은 무성해져서 예쁜 열매를 맺을 것입니다. 제 마음밭을 가꾸는 주체로, 제 욕망하는 삶의 주체로 살아야겠다는 다짐을 합니다.

강마을은 젖어 있습니다. 지난가을, 충분히 뿌려진 풀꽃 씨앗들이 꽃샘추위 속에서 꽃을 피워 올릴 것입니다. 꽃다지, 광대나물꽃, 괭이밥, 별꽃, 주름잎 이런 작은 풀꽃들은 노랑, 분홍의 꽃송이 속에 꿀벌들을 불러들일 것입니다.

광대나물꽃은 진홍색의 작은 봄꽃입니다. 그 속에 꿀벌들을 위한 지도가 그려져 있다고 합니다. 인간에게는 그저 무늬인가 하는데 이것이 꿀벌들에게 꽃 속에 숨겨진 꿀의 위치를 알려주기 위해 존재한다고 합니다. 자신의 유전자를 후대에 전하고자 하는 광대나물 꽃은 꿀벌이 알아볼 수 있는 꿀지도를 자신의 꽃잎에 새겨 욕망의 주체가 되는 것입니다. 결국 욕망의 주체가 되는 것은 자연의 법칙이고 순리라는 결론을 내립니다.

비가 계속 내립니다. 화단 한 구석에서 욕망의 주체가 되고자 하는 풀꽃들의 움직임이 부산할 것 같습니다.

흙의 가슴

황금빛으로 출렁하는 강마을의 보리밭이 교무실 창밖으로 펼쳐져 있습니다. 그 옆엔 모심기를 하려고 물 잡는 논이 보입니다. 다른 남녘의 마을은 모심기가 거의 끝나가지만, 우리 학교가 있는 이곳에선 이모작을 합니다. 벼 베기가 끝난 가을이면 집집이 돌아가며 품앗이를 하면서 비닐하우스를 세웁니다. 그리고 한겨울 내내 수박농사를 짓습니다. 한겨울 비닐하우스에서 땀 흘리며 수확한 수박이 다 팔려 나가는 5월 말 즈음이면 한 집 두 집 비닐하우스 철거를 시작합니다. 이 일은 보통 힘든 것이 아닙니다. 보통은 서로 돌아가면서 품앗이를 하여 철거를 합니다. 그 자리에 물을 대고 논을 갈아 다시 모를 심습니다.

한겨울의 들판은 긴 침묵을 누리는 빈 논이 아니라, 하얗게 줄지어 선 비닐하우스가 숲을 이룹니다. 그래서 이제는 '농한기'라는 말이 농촌에서 사라져 가고 있습니다. 그렇지만 농촌의 검고 붉은 흙과 마주하면 존경의 마음이 생겨납니다. 수많은 곡식과 채소의 씨를 싹 틔우고 자라게 하는 힘은 과연 어디에서 나오는 것일까요? 어릿어릿한 선생인 내가 그런 땅의 마음으로 세상의 모든 씨앗들을 품어 키울 수 있으면 얼마나 좋을까요? 올곧고 튼실한 씨앗도 품어서 키우고, 조금 비고 여린 씨알은 좀 더 잘 자라게 실핏줄 같은 가는 뿌리에 힘을 돋우어 줄 수 있으면 얼마나 좋을까요!

봄은 수많은 꽃들이 피어나고 잎들이 자라는 축복의 계절입니다. 건강하고 싱싱한 산자락의 풀들과 꽃 진 자리마다 조그만 열매를 달고선 수많은 과실나무들과 첫여름을 수놓은 흰 찔레의 짙은 향기로 어우러진 강마을은 그대로 한 폭의 그림입니다. 그런데, 봄이란 말 속에는 얄궂게도 한 방울 어지러운 마약이 섞여 있나 봅니다. 봄이면 어김없이 가출하는 학생들이 생깁니다. 향기로운 꽃바람에 섞여 도시로 향하던 앵두나무 우물가의 순이만이 아니라 철부지 중학생들도 집을 나갑니다. 짧게는 아이가 하루 만에 돌아오고, 길게 가는 아이는 일주일에서 보름이 넘는 경우도 가끔 생깁니다. 보통은 집에서 가지고 나간 돈이 떨어지면 꾀죄죄한 몰골로 부모님께 잡혀 오지만 시일이 길어지면 문제가 됩니다. 부모님과 선생님이 애를 태우며 온갖 방법을 다 동원해서 연락을 하지만 정작 아이는 '학교를 왜 다녀야 하느냐?' 고 도로 물어옵니다.

그런 학생들 앞에서 참 무력합니다. 언젠가 담임한 한 학생 중에서 3명이나 가출을 했습니다. 그리고 다시 잡혀 온 아이들의 얼굴에서는 잘못했다는 표정을 별로 찾아볼 수 없었습니다. 세 아이 중 두 명은 전입생으로 도시에서 이미 가출 경험이 있는 학생들이고, 한 명은 부모와 떨어져 할머니 댁에서 자라는 마음이 외로운 아이였습니다.

반성문을 쓰기 위해 종이를 들고 생글생글 웃으며 교무실로 들어서는 아이 앞에서 내내 적응을 하지 못했습니다. 이 무력감은 일종의 자기 도피가 아닌지 반성하였습니다. 아이들 속으로 걸어 들어가고자 하는 마음보다 쉽게 문제를 해결하려는 이기심이 먼저 고개를 든 것은 아닌지 부끄러웠습니다. '나도 자식을 키우는 어미인데.' '저 아이들의 부모 속은 어떠할까?' 수많은 생각들이 강가의 봄풀처럼 무성합니다. '선생 노릇은 왜 이렇게 어려운 것일까?' 모심기 하려고 물 잡은 논을 보면서, 나도 저 흙덩이처럼 아이들을 품어줄 수 있는 흙의 가슴을 가질 수 있게 해달라고 기도했습니다.

오늘 수업시간 내내 먼 산을 보던 아이에게 편지 한 장을 써야겠습니다.

인동꽃 닮은 아이

물안개 피어나는 강마을에 밤꽃 내음 무성합니다. 그 사이로 어린모들이 어릿어릿한 얼굴로 줄을 서 있습니다.

안개 가득한 날 아침, 산머루처럼 고운 눈매의 제자 '인아'에게 엽서를 썼습니다. 인아는 졸업을 하고 나서도 편지와 메일을 가끔 보내왔습니다. 다정한 마음 씀씀이가 참 예쁜 아이로 고등학교에 가서도 열심히 글쓰기를 하여 얼마 전 백일장에 입선을 했다며, 은근히 자랑도 섞어 중학교 선생인 내게 고맙다고 쓴 편지에는 작은 풀꽃이 그려져 있습니다. 그 풀꽃이 인아를 닮았습니다. 노오란 고들빼기 말린 꽃을 붙여 엽서를 썼습니다. 너를 가르칠 수 있어서 선생님은 참 즐거웠다고. 더 열심히 해서 너의 꿈을 이루기 바란다는 글을 덧붙였습니다. 가만히 생각해 보니, 인아의 꿈이 '선생님'이었던 것 같습니다. 좋은 선생님이 될 수 있으리라는 생각이 듭니다.

엽서를 부치러 현관 쪽으로 내려갔더니, 어디서 고운 향내가 납니다. 뭔가 하고 두리번거리니, 교무실 앞 화단 구석에 희고 노란 꽃 몇 송이가 피어 짙은 향내를 풍기고 있습니다. '금은화金銀花' 라고도 불리는 대표적인 여름 야생화인 인동꽃입니다. 처음에는 흰색으로 피지만 다음날이면 노란색으로 변해, 마치 흰색과 노랑의 두 색 꽃이 피어 있는 것 같습니다. 모양은 가느다란 통꽃으로 두 송이씩 피는데, 꽃잎 끝은 3장으로 갈라져 위로 젖혀지고 수술이 길게 밖으로 빠져 나와 있습니다. 서양에서는 꽃 모양을 트럼펫과 닮았다하여 트럼펫 꽃trumpet flower, 꿀을 분비한다고 허니 써클honeysuckle이라고도 합니다. 인동꽃을 따서 끝을 쪽 빨면 달큼한 꿀이 조금 나와 시골에서는 길섶에 무성히 핀 인동꽃 꿀을 빨아먹던 기억을 가진 사람이 많습니다.

인동과 관련된 재미있는 민속 신앙으로는 부녀자들이 산후로 허리가 아프면 인동덩굴을 걷어다 허리에 감는데, 이렇게 하면 허리 아픈 것이 깨끗이 낫는다고 합니다. 또 어떤 지방에서는 정월 보름에 인동덩굴을 걷어다 마당에 불을 피우는데, 이렇게 하면 잡귀가 인동이 타는 냄새에 근접을 하지 못하고 모두 달아난다고 합니다.

꽃차를 만들 수 있다기에 '향 고운 인동꽃차를 만들어 나누어 마시면 어떨까?' 하는 생각도 들었습니다. 그래서 자료를 찾아보았습니다.

> 금은화차는 크게 두 가지로 구분해서 생각해 볼 수 있다. 첫째는 인동의 꽃을 차에 띄워 직접 향을 취하는 방법이다. 금은화차는 물론 인동꽃으로 조제한 것은 사실이다. 그러나 인동꽃을 직접 먹는 것은 아니고 그 향을 취해 차를 조제한 것이다. 먼저 질 좋은 녹차를

한지나 베보자기에 싼다. 미리 따다 놓은 인동꽃을 사기그릇에 담고 그 속에 차주머니를 묻어 뚜껑을 닫고 하루를 재웠다가 꺼내 차를 우려내 마신다. 녹차에 인동꽃 향을 배게 하여 그 향을 취하는 방법이다.

좀더 자세하게 알아보면 좋은 녹차를 끓이고 8할 정도로 식힌 뒤 찻잔에 붓고 활짝 핀 꽃을 한두 송이 띄운다. 20~30분 정도 지나 인동꽃이 숨이 죽어 시들해 지면 꽃을 건져내고 마신다. 너무 오래 잔에 두면 천한 분향 냄새가 나고 일찍 건져내면 차향이 엷어 맛이 떨어진다.

또 다른 한 가지 방법은 신선한 인동꽃을 따 밀폐된 용기에 넣고 미리 한지에 싸둔 녹차를 묻어둔다. 하루를 재웠다 이튿날 꽃 속의 차 봉지를 꺼내 미지근한 물에 우려내 마신다. 꽃을 넣는 용기는 유리그릇이나 도자기로 된 것을 쓰는 것이 좋다. 금속제 용기는 차와 꽃향기가 산화 과정에서 화학 반응을 일으켜 차의 질을 떨어뜨릴 수 있다. 인동차는 여름에 마시는 차다. 따라서 인동꽃과 함께 녹차를 물에 우려낸 뒤 냉장고에 보관하여 차게 해서 마셔도 좋다.

—출저 : 생명의 나무/http://moolpool.hihome.com

인동꽃의 고운 향내를 맡으며 인아 생각을 하였습니다. 밝은 웃음과 다정한 행동으로 주변을 향기롭게 만드는 인아는 인동꽃을 닮았습니다.

마음보다 계절이 먼저 가버립니다

오월입니다. 지난주에는 친정아버지의 기일이었습니다. 제사를 지내고 산소에 갔더니 그때처럼 여전히 흰 찔레꽃이 무성하였습니다. 아버지를 보내는 길에 찔레꽃은 흰옷을 입고 처연하게 피어 있었습니다. 저 역시 같은 옷을 입고 그네 옆을 스쳐 아버지의 뒤를 따라 산길을 올랐습니다. 풀은 왜 그렇게 파아랗던지요. 꽃은 또 왜 그렇게 많이 피었던지요. 이렇게 눈부신 계절에 왜 당신은 가셨는지요? 억울하고 또 억울하였습니다.

당신 나이 이제 육십을 코앞에 둔 젊디젊은 아버지를 보내는 저는 슬프기보다 억울하였습니다. 저보다 더 일찍 더 아프게 부모님을 여읜 사람도 있을 것입니다. 그러나 분별을 잃은 저는 무조건 분하고 억울하여 아버지 무덤 옆에 핀 하얀 찔레꽃만 노려보았습니다. 저는 다른 이의 환갑잔치며 칠순잔치엔 가기 싫습니다. 괜한 시샘에 제 맘속에 또 하얗게 찔레꽃이 피어 마음 한구석을 찔러 버립니다. 하지만 봄날이 가듯 세월이 흐르면 이 가시도 무뎌지고 제 마음에 핀 꽃도 시들겠지요.

이제 강마을은 싱그러운 녹음으로 가득 차 있습니다. 그 많던 봄꽃들이 언제 떠났는지 가뭇없이 사라져 버렸습니다. 여리고 다정한 봄꽃이 떠난 자리에 이제는 농염한 모란과 보랏빛 수수꽃다리, 산기슭엔 꽃등을 켠 듯 두둥실 오동꽃이 눈부시게 피어납니다. 이따금 아카시아 향기도 교실로 날아듭니다. 2층 교실에서 시를 외는 아이들 사이로 개구리 소리가 아카시아 내음새를 타고 창문에 매달리는 것 같습니다.

첫 교시 수업을 하려니 기침이 계속 나옵니다. 감기를 시작한 지 보름이 지난 것 같습니다. 묵은 기침은 저를 계속 괴롭히고, 간질간질 목도 편안하지 않아 수업 내내 기침을 합니다. 눈치 빠른 녀석들은 딴에 걱정을 한답시고,

"샘예, 몸도 아프신 데, 쉬었다가 하입시더?"

"사람은 건강이 최고라예."

"고맙지만 괜찮데이, 천천히 하모 된다."

사실, 선생님 건강 핑계 대고 자기들이 놀고 싶은 것이겠지요. 사람이 나이를 먹는다는 것이 이런 것인가 봅니다. 예전엔 감기도 금방금방 낫고, 많이 피곤해도 하루만 쉬면 거뜬해졌는데, 이젠 점점 몸에 감기가 머무는 시간이 길어집니다. 피로가 쌓인 것도 사실입니다. 학교 일이며 집안일이 그렇게 쉬엄쉬엄 나 봐주면서 있는 것이 아니니까요. 한꺼번에 일이 겹치는 것입니다. 유난히 행사가 많았던 사월과 오월을 지나면서 제대로 쉬어주지 못한 것이 탈을 낸 것 같습니다.

감기 걸려 힘들어하는 저와는 반대로 강마을 아이들은 요즘 신이 났습니다. 시험이 끝나고 좀 한가한데다가 남학생들은 동아리축구대회 준비로 매일 저녁에 남아서 축구를 합니다. 운동을 좋아하는 녀석들의 얼굴에서 빛이 반짝거립니다. 학부모 몇 명이 돼지고기를 사주셔서 운동이 끝나고 맛난 고기도 구워먹기도 하고요. 점심시간에도 땀을 뚝뚝 흘리며 운동장을 뛰어다니는 학생들이 참 보기 좋습니다. 밝고 긴강한 아이들은 그 자체로 오월의 푸른 꽃이 아닐까 하는 생각을 합니다.

싱그러운 첫여름이 저 멀리서 다가서고 있습니다. 제 마음은 아직도 봄의 한 자락을 잡고 있는데 마음보다 계절이 먼저 가버립니다.

마음에 씨를 심으면

어느새 비가 내렸는지 유리창에 물그림이 그려집니다. 교무실 앞 은행나무 마른 가지에 물방울이 맺혀 있고, 먼 강가의 포플러 숲에도 물기가 드리워져 축축한 풍경을 만들고 있습니다. 그 위로 목이 긴 새 한 마리가 공중을 선회하며 내려앉을 듯 머뭇거리더니 다시 날아가 버립니다.

겨울이 깊어져 있습니다. 그 사이로 어딘가 봄의 씨앗은 깊은 잠과 얕은 잠 속을 오르내리면서 새봄을 기다리고 있겠지요. 물기 머금은 나뭇가지에서는 초록의 잎들이 무성했던 화단에 촘촘히 숨어 있을 작은 꽃씨와 나뭇가지의 새눈과 뾰족한 잎새 자리엔 화사한 봄을 꿈꾸고 있을 것입니다.

아침나절에 읽은 어느 분의 말이 계속 생각이 납니다. '말이 씨가 된다.'는 표현이었습니다. 그래서 저는 말에 씨를 담으면 말씨가 되듯, 마음밭에 씨를 뿌리면 마음씨가 된다고 생각합니다. 우리의 마음밭은 한없이 넓으면서도 또 좁을 때는 송곳 하나 꽂을 곳도 없이 좁아집니다. 그것처럼 우리는 수없는 씨를 뿌리며 살고 있습니다. 아름다운 선행의 씨를 뿌리면 마음밭에 그 싹이 자라나 얼굴은 웃음과 행복을 전해주지만, 미움과 질투의 씨는 찌푸림과 불행의 잎이 무성해집니다.

누구나 아름다운 말을 좋아합니다. 아이들의 눈을 맞추고 "너 참 예쁘다." 이렇게 말하면 그 말의 씨를 금방 알 수 있습니다. 아이의 눈이 가늘어지면서 웃음이 빙글빙글 피어나니까요. 긴 시를 외운 아이에게 칭찬의 말을 하면서 작은 선물을 주었더니, 피시식 부끄러운 미소가 피어나더군요. 목소리가 예쁘다는 한 마디에 책 읽기 할 때면 눈이 반짝반짝 빛이 납니다. 이렇게 아름다운 말은 웃음의 꽃과 희망의 잎이 무성해지는 따뜻한 씨앗입니다. 그렇지만 저는 이런 것을 너무 잘 알고 있지만 실천을 잘 못 하는 날이 더 많습니다.

'칭찬하기'를 하루 일과에 적어두지만 아이들에게 수많은 야단과 질책과 화난 표정을 더 많이 보여줍니다. 성의 없는 수업도 많고, 대충 넘어가는 일도 흔합니다. 가족에게는 더 많습니다. 가족이 얼마나 소중한지를 알면서도 오히려 뼈있는 가시 돋친 말로 상처를 내는 일이 일상입니다.

마음밭에 어여쁜 씨를 뿌려야겠다고 다시 다짐을 합니다. 지금부터 만나는 모든 이에게 다정한 말씨와 따뜻한 표정으로 성의 있는 손길을 보내며 하루를 보내겠습니다.

고들빼기를 캐며

강마을은 무성한 안개에 휩싸여 있습니다. 마치 메밀꽃밭 같습니다. 늦여름과 초가을에 접어들면 진초록 나뭇잎과 노르스름한 밭 언저리에 하얀 안개처럼 곱게 핀 메밀꽃을 어디서나 볼 수 있습니다. 작은 꽃송이들이 모여서 이루어 내는 아릿아릿한 모습과 그윽한 향기에 취해서 이효석은 〈메밀꽃 필 무렵〉에서 허생원과 성서방네 처녀 사이에 한 송이 여릿한 꽃내음 같은 하룻밤의 사랑을 만들었나 봅니다. 축축한 안개에 섞여 안개보다 더 하얀 메밀꽃 내음이 교무실 창을 넘어 들어옵니다. 피곤한 월요일 눈가를 파고드는 잠을 깨우려고 탄 커피향이 낮게 내 주위를 감쌉니다. 안개에 섞여.

예전에 학교 선생님들은 대부분 도시락을 싸 가지고 다녔습니다. 점심시간이면 각자 싸온 도시락을 펼쳐서 함께 먹습니다. 교감 선생님께서 반찬으로 고들빼기 김치를 자주 가져왔습니다.

유난히 고들빼기 김치를 좋아하는 저의 젓가락은 교감 선생님 고

들빼기 김치로만 가고 있었습니다. 염치도 없이 금세 다 먹고는,

"교감 샘예, 사모님께 내일 반찬으로 고들빼기김치 많이 싸달라고 부탁드려예."

마냥 아쉬워서 이렇게 주문을 하였습니다.

"우짜꼬, 이거 처가집에서 가지고 온긴데 다 묵고 없다카던데…."

"…."

어린 시절, 등산 다녀오시는 어머니 손에는 갖은 산나물이 한 움큼씩 들려 있었습니다. 이것을 조물조물 무치면 나물이 되었습니다. 또, 고추장을 발라 장아찌을 만드시고, 산나물 김치를 담그셨습니다. 씹히는 맛이 좋은 홀잎나물(화살나무가 본래 이름이지만, 경상도에서는 홀잎나무라 부른다. 항암제로 요즘 각광을 받고 있다)은 밥에 비벼먹으면 너무 맛있습니다. 쌉쌀한 머위(경상도에선 머구라고 한다)는 어릴 때는 초고추장에 찍어 먹고, 조금 크면 나물로 무쳐 먹고, 더 자라 잎이 호박잎처럼 크면 쌈을 싸먹고 그 줄기는 찜으로 먹습니다. 향이 짙은 계피나무의 어린 잎을 고추장에 무쳐 먹으면 입안이 싸아하면서 개운합니다. 약간 미끈거리는 비름나물은 하루쯤 시들게 만들어 무쳐먹으면 더 맛있습니다. 독특한 냄새가 나는 가죽나무의 어린 줄기로 담은 가죽장아찌를 담가주셨고, 찹쌀 풀을 발라 말린 가죽자반은 별미였습니다. 또, 고구마줄기로 김치를 담가 주셨습니다. 이 김치는 씹히는 식감이 아삭아삭하여 입맛 없는 여름철에 그만입니다. 돌나물이라 부르는 돈냉이는 된장을 조금 넣고 겉절이를 해서 커다란 함지박에 밥을 넣고 비벼먹으면 최고입니다. 아, 생각만으로도 입안에 침이 스르르 고입니다.

어머니께서 산골 출신이어서 함께 산에만 가면 어떤 것이 나물이고, 어떤 풀이 먹는 것인지 일러 주셨지만 저는 구별이 잘 되지 않습니다. 그래도 냉이와 쑥, 꽃다지, 달래, 머위 정도는 구별할 줄 압니다.

교무실 아래 화단에 풀이 수북합니다. 도우미 학생들과 함께 제초를 하러 갔더니 고들빼기 씨앗이 날아들어 소복소복 새잎이 탐스러운 고들빼기 밭이 되어 있습니다. 잡초 뽑는 학생들 옆에 고들빼기를 캤습니다. 새로 돋아 야들야들한 잎이 겉절이를 해먹어도 되겠습니다. 콧노래를 부르며 고들빼기를 캐고 있으니, 지나가는 아이들이 묻습니다.

"샘예, 거서 뭐하십니꺼"

"고들빼기 캔다."

"고들빼기가 뭐라예?"

"김치 담아 묵는 거 있다아이가. 씸냉이(경상도 사투리)말이다."

"아하… 예… 에"

요즘은 시골 아이들도 먹는 풀과 나물을 잘 모릅니다. 심지어 고사리와 냉이를 모릅니다. 아이들이 적어도 먹는 풀과 못 먹는 풀을 구별할 수 있어야 한다고 생각합니다. 살아있는 지식이란 이런 것이 아닐까요? 우리 교육은 생물 시간에 고사리의 생태는 배우지만, 산에 핀 고사리를 찾아내지 못합니다. 무엇이 문제일까요? 고들빼기를 앞에 두고 생각 한 자락도 함께 캐고 있습니다.

당혹스러운 봄

올겨울은 유난히 길었습니다. 눈도 많이 왔고, 유난히 늦게까지 추위가 남아 있어서 얇은 봄옷은 꺼내 입지도 못하고 계속 두터운 스웨터를 입고 학교를 다녔습니다. 꽃샘추위 속에 자잘한 작은 봄꽃이 양지쪽에 옹기종기 피난민 모양으로 피어나는 모습에 봄의 향기를 느끼기는 하였지만, 제 몸을 파고드는 차가운 바람에 제 마음은 온전히 봄이라고 인정하지 못하고 있었습니다. 그래도 어김없이 봄은 작은 꽃송이 몇 개에 실려 오나 봅니다.

며칠 사이 따뜻한 날씨가 계속되어 갑자기 바뀐 풍경에 왜 이렇게 익숙하지 못하고 당혹스러운지요. 진홍의 진달래가 촌색시들이 부끄럼 가득한 표정으로 꽃놀이하는 양 산언저리에 옴찔옴찔 모여 있고, 노란 개나리가 폭포수처럼 쏟아지더니, 탐스러운 목련은 하얗게 두둥실 꽃을 피웁니다. 순일한 정감을 일구는 그 꽃들의 빛깔들이 은은합니다. 온 세상을 연분홍으로 바꾸어 버리는 벚꽃은 진짜로 일시에 피어납니다. 여기까지는 으레 맞는 봄꽃이니 하였는데, 어제 보니 흰 조팝꽃이 눈송이처럼 산기슭을 밝힙니다. 그리고 흰 자두꽃이 눈이 온 듯 교무실에서 마주 보이는 산언저리를 수놓고 있습니다.

흰 꽃구름을 보면서 저는 가슴이 철렁하고 말았습니다. 이렇게 당혹스럽게 봄이 와 버리면 어떻게 해야 할지 모르겠습니다. 마치 어제 처음 만난 남자가 아침에 커다란 꽃다발을 들고 대문에 서 있는 듯 그렇게 당혹스럽습니다. 휘황하고 난만한 봄꽃은 수없이 피어나 세상을 꽃 세상으로 만드는데, 저는 갑자기 길을 잃은 사람 모양으로 당황해 합니다. 눈을 돌리면 어디나 피어 있는 꽃들은 너무나 아름다운데, 전 그것을 감상할 만큼의 여유가 없습니다. 봄이 마련한 꽃잔치에 마치 초대받지 않고 들어선 손님처럼 그렇게 서성이고 있습니다.

당혹스러운 봄을 어떻게 해야 할지 몰라, 봄이라는 말의 의미를 생각해 보았습니다. 봄은 보는 계절입니다. 보아야 봄을 느끼고, 보아야 봄이 왔다고 실감하듯, 봄이란 말은 항상 시각적 심상으로 다가서나 봅니다. 봄이라는 말은 '보다[見]'의 동명사형이라고 합니다. 그래서 봄이라는 말에는 겨울에 보이지 않던 색과 꽃과 나비와 사랑이 보이는 것이겠지요. 푸른 풀빛과 분홍의 꽃이 검은 흙에서 나타나 보이고, 환한 표정의 내 사랑이 나에게 말을 걸고 다가서는 것이 아닐까요.

예전에는 봄이 되면 처녀들이 나물바구니를 들고 들로 산으로 나갔습니다. 그러면 소를 몰고 나온 이웃 총각이 보이겠지요. 그냥 보이는 것이 아닌 내 사람으로 보이고 내 마음에 다른 모습으로 보입니다. 그래서 여름이 지나고 가을이 오면 사랑의 결실을 맺는 경우가 많다고 합니다. 이것이 봄의 생동감이자 봄이 가진 마법의 힘일 것입니다. 이 마법은 풀과 나무 나아가 이 지구상에 있는 동물도 포함되는 것입니다.

무학산 자락에 지천으로 핀 진달래를 보면서 올해에는 진달래술을 한 번 담가볼까 합니다. 진홍의 진달래꽃술을 담가 두고 봄이 사라져 갈 무렵 봄을 보내는 아쉬운 마음을 달래보렵니다. 진달래꽃을 생각하면 예전의 제자가 생각납니다. 앞산에 진달래로 사태를 이룬 날 학생들에게 김소월의 진달래꽃을 칠판에 써 주었습니다. 꽃 같은 아이들이 진달래꽃을 공책에 옮기는 동안 시에 대해 이야기하였습니다. 사랑하는 이를 보내는 여인은 슬픈 마음을 표현하지 못해 이별의 자리에 진달래꽃을 한 아름 따서 뿌려드립니다. 그 여인의 마음이 가시는 걸음걸음 밟혀 짓이겨진 아롱아롱 맺힌 피 같은 진달래 꽃물이 아니겠냐고 설명을 하였습니다. 여학생들은 진지하게 듣고 있는데, 장난기 많은 남학생이,

"샘예, 진달래를 밟는데 뭐가 아파예?"

이렇게 질문을 하였습니다. 그러니까 대번에 한 여학생이 화를 내면서

"니들이, 사랑을 우째 알겠노?"

어린 학생들이 사랑에 대해 설왕설래하는 모습을 보면서 또다시 당혹스러운 봄을 생각합니다. 봄은 짧다고 합니다. 올올이 실핏줄마다에 넘쳐나는 생명의 힘찬 맥박 소리도 들리지 않을 것 같습니다. 벌써 한낮에 중학교 아이들이 체육복을 벗어던지고 짧은 반소매 차림으로 운동장을 달리고 있더군요. 그 봄은 뜨거운 정열을 짐

짓 다스려 온유한 미소로 살며시 다가와서 수줍은 새색시처럼 다소곳한 걸음으로 달려갑니다. 제가 이제 이렇게 당혹스럽게 맞이한 봄에 적응하느라 허둥대고 있는데, 그 사이 봄은 혀를 냉큼 내밀고는 나비춤을 추며 너울거립니다.

해마다 맞이하는 봄이지만 그래도 늘 새롭고 반갑지만 당혹스러운 마음을 어찌해야 할지 모르겠습니다. 기다려도 기다리지 않아도 오는 봄, 봄이 와서 참으로 고맙고 고맙습니다. 봄 하늘을 선회하는 새 한 마리 날갯짓이 이리도 고와 보이는 건 아마도 봄은 보는 계절이기 때문이 아닐까요. 찬란한 비상을 꿈꾸는 나의 시선이 높은 하늘에서 떨어질 줄 모릅니다. 겨우내 바람에 떨던 나무의 꿈을 알기 때문에 이 봄을 한껏 보듬고 싶어집니다.

곡우 무렵

곡우입니다. 봄의 마지막 절기입니다.

이제부터 본격적인 농사가 시작되고 볍씨를 담가둔다고 합니다. 지금은 모판을 따로 만들어 두었다가, 기계로 모심기를 하여 일이 많이 줄어들기는 했지만, 그래도 참 힘든 일이 농사일입니다.

몇 년 전 담가둔 볍씨를 모판에 흙과 함께 담는 작업을 거들었습니다. 볍씨 뿌리는 기계를 이용하였지만, 흙을 나르고 볍씨를 뿌려지는 통에 담고, 모판을 나르고 하는 일을 한나절 하고 났더니 힘이 듭니다.

겨우 하루를 하고 몸살하는 자신을 보며, 평생을 농사일과 집안일을 하신 우리 어머니들의 삶이 어떠했을까? 하는 생각을 하였습니다. 고단한 어머니들의 삶이 결국 이 땅을 지켜온 것이 아닐까요.

곡우 절기를 앞에 두고 저 강나루를 건너가려는 봄을 생각합니다. 어젯밤에 내린 비 때문에 더 초록으로 빛나는 사철나무 새잎과 무성해진 화단의 풀과 교실로 자주 날아오는 작은 벌레들과 이 벌레를 가지고 노는 어린 남학생들의 장난기 무성한 눈빛에서 저는 봄의 끝자락을 봅니다.

학교 옆 수로에서는 개구리가 짝짓기를 하느라 업고 있는 장면이 자주 보이고, 파리가 몇 마리 벌써 교무실에 날아다닙니다. 그러나 강마을의 봄 끝자락은 아직도 농염함이 가득합니다. 잘 익은 과일에서 나는 단맛처럼 그렇게 달콤한 꿀물이 뚝뚝 떨어질 듯 익었습니다.

개나리와 진달래, 벚꽃, 목련같이 일찍 피는 꽃이 지나간 자리에는 좀 더 차분하고 더 눈부신 꽃들이 피어납니다. 산기슭 드문드문 소녀 같은 배꽃이 하얗게 웃고 서 있습니다. 배꽃은 차분하고 맑은 눈매의 사춘기 여학생처럼 그렇게 청순하고 어여쁩니다. 배꽃과 대조적인 아름다움을 보이는 것이 복숭아꽃입니다. 그 화사함에는 전 언제나 무력합니다. 분홍의 해사한 꽃 미소를 어떻게 표현할 수 있을까요? 사랑스럽다 못해 숨이 막힙니다. 황진이의 눈웃음이 저러했을까요?

올봄은 너무 많은 꽃이 한꺼번에 피었다가 한꺼번에 사라집니다. 차츰 차츰 꽃들이 순서를 맞추어 피어나야 하는데 배꽃과 복사꽃, 자두꽃, 살구꽃, 조팝꽃과 수수꽃다리, 모과나무 꽃들이 일시에 다투어 피어나서 절 정신없게 만들더니, 이제는 한낮이 제법 덥습니다. 물오른 산과 들의 나무와 화단에 무성한 풀과 매캐한 황사 바람 사이에서 갈 채비를 하는 봄을 보고 있습니다.

국수 한 그릇

이층 교실에서 수업을 하는 데 갑자기 사면이 어수선해졌습니다. 소소리바람이 지나가며 강가의 은사시나무를 흔들어대고 나무들이 풀들이 자기들끼리 무엇인가를 속삭이면서 허리를 낮춥니다. 부산히 어딘가로 숨어버리는 벌레들의 움직임이 보일 것 같은 무어라 꼭 꼬집어 이야기할 수는 없지만 소나기가 쏟아지기 전이면 느껴지는 징조들입니다. 이 분위기의 절정은 청개구리 소리입니다.

"꽉 – 꽉 – 꽉 · 꽉 · 꽉 · 꽉 · 꽉
꽉 – 꽉 – 꽉 · 꽉 · 꽉 · 꽉 · 꽉"

요란한 개구리 소리가 들리는가 싶더니 사면이 어둑해지고 대번에 눈앞을 가로막는 빗줄기가 쏟아집니다. 한여름처럼 더웠던 강마을은 잠시 쏟아진 빗줄기로 조금 서늘한 바람이 붑니다. 학부모 회의에 어머니 회장님께서 못 오신다고 연락이 왔습니다. 쏟아진 비 때문에 하우스에 일이 생겼다고 합니다. 비와 함께 우박이 온 모양입니다. 하우스 주변으로 황망히 뛰어다니실 모습이 상상이 되었습니다. 다 지어 놓은 농사를 망치는 것이 아닐까 하고 얼마나 노심초사하실까 걱정이 되었습니다. 이처럼 농사는 하늘의 뜻이 많이 좌우된다고 합니다. 인간이 아무리 잘난 체하여도 비 한 번 바람 한 번에 바뀌는 것이 농사인 것입니다. 그래서 하늘 뜻이 꼭 필요한 것이 농사입니다.

개구리 소리가 들리는 논에는 어린모들이 땅내를 맡아 초록색입니다. 산기슭에는 봄꽃들이 진 자리마다 맺힌 열매들이 보입니다. 새까만 오디는 바람결에 후두둑 터질 듯 검은 열매를 떨어뜨리고, 빠알간 보리수 열매도 조롱조롱 참 예쁘게 달려 있습니다. 초록색의 매실이 가득 달린 매화나무는 매화의 격정이 숨어 있는 듯합니다. 자두나무, 양살구, 복숭아나무들도 가득 열매를 달고 의젓한 품새로 서 있습니다. 여름은 열매의 계절입니다. 열매가 '열다' 라는 말의 동명사형 '열음' 이 여름의 어원이라고 합니다.

여름은 나무의 열매만 열리고 익어가는 계절은 아닙니다. 인간의 가장 소중한 열매인 아이들이 익어가는 계절입니다. 몸이 자라듯 지혜가 자라고 아이들의 속뜰도 단단하고 야무지게 자라게 됩니다. 여름방학을 마치고 개학날 보면 눈빛이 깊어지고 키가 쑥 자란 남자아이에게는 잘 익은 개암 냄새가 납니다. 자두빛 볼과 은빛 미소가 예쁜 소녀들에게서는 풋풋한 사과 향기가 날 것 같습니다. 물과 바람이 햇살이 아이들을 키워주었겠지요. 그리고 하늘의 손길과 사람의 뜻이 함께하였을 것입니다. 그러나 여름은 또 힘든 계절입니다. 뜨거운 불볕과 휘몰아치는 장마도 있고, 가뭄이 오기도 하고요. 이럴 때는 참 견디기 힘듭니다. 아이를 키우는 것도 마찬가지입니다. 뜨거운 여름을 함께 견디는 시간이 필요한 것입니다.

힘든 하루를 마치고 조금 늦게 퇴근을 하니, 식탁에 국수 한 그릇이 놓여 있습니다. 초등학교 4학년 아들이 국수를 삶고 멸치국물을 만들어 수저와 함께 놓아두고 미술학원에 간 모양입니다. 그 옆에는 '엄마에게' 라는 작은 메모가 있었습니다. 우리 아이는 공부와 영 거리가 있습니다. 이해력이 부족해 보이지 않고 호기심도 많고 상식도 풍부합니다만, 공부 내용만 나오면 고개를 돌려버립니다. 초등학교 선생님들께서 방과후에 남아 가르치고 저 역시 윽박질러 보기도 하지만 별로 효과가 없습니다. 명랑하고 붙임성 좋은데 공부가 잘 되지 않습니다. 아이가 삶아 준 국수를 보면서 아이의 예쁜 마음을 생각합니다. 엄마를 위해 국수를 삶고 멸치국물을 만들었을 것입니다. 국수 한 그릇을 앞에 두고 눈물이 핑 돌았습니다. 숙제를 잘 하지 못한다고 야단치고 글씨가 나쁘다고 혼을 내던 제 모습이 생각나 많이 부끄럽습니다. 아이는 이제 봄을 맞이하는데 나는 왜 이렇게 조급하였는가 하는 아픈 반성을 합니다. 작은 꽃이 피어서 열매를 맺기 위해서 뜨거운 여름과 서늘한 가을의 바람이 필요한데…. 피곤한 엄마를 위해 국수 한 그릇을 삶는 아이보다 저는 더 따뜻한 마음으로 대하는 사람이었는지 반성을 하였습니다. 칭찬보다는 나무람이 많지는 않았는가? 안아주기보다는 질책을 더 많이 하지는 않았는가?

이제는 바람이 작은 열매가 익기를 기다리듯 봄비가 꽃이 피기를 기다리듯 가르치는 학생들의 마음속에 심어진 작은 씨앗이 싹트기를 기다리렵니다. 조금 더 인내를 가지고 여유를 가지고 아이들의 꿈의 열매가 맺도록 기도하며 또 기다리겠습니다. 소나기가 지나간 강마을에 밤꽃 내음 무성합니다. 희뿌연 물감을 풀어놓은 듯 뭉게뭉게 피어난 밤꽃 아래 잠자고 있을 밤나무의 열매 하나를 생각합니다.

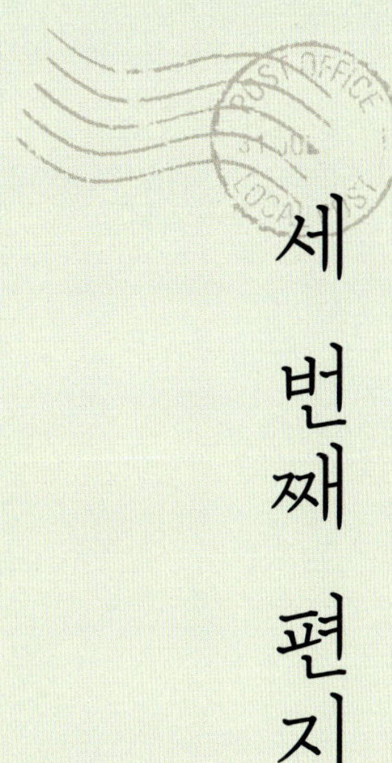

세 번째 편지

곁에 있는 행복 / 교학상장敎學相長 / 거저 얻어지는 것은 없다 / 'ㅇ'음 에 대한 고찰 / 새해, 시간의 경계를 넘어 / 나비를 보다 / 망종 / 도발적인 봄꽃 / 생성과 소멸의 경계 / 이것도 지나가리라 / 연극을 함께하며 / 가을 들판에서 / 가을이 깊어져 있습니다

곁에 있는 행복

금요일 오후입니다. 저마다 약속이 있고, 주말이라는 특성 때문인지 약간은 들뜬 분위기로 하루를 시작합니다. 쏟아지는 햇살 아래 강마을은 노랑과 연한 갈색이 섞인 아름다운 들판이 펼쳐져 있습니다. 이층 교실에서 바라보는 가을 풍경은 참으로 평화롭고 풍요롭습니다.

이렇게 바람마저 춤을 출 것 같은 오후, 가만히 있지 못하고 커피 한 잔을 들고 화단에 앉아 땀방울을 흘리며 운동장을 뛰어다니는 소년들과 볼이 붉은 소녀들이 줄넘기를 하는 모습을 지켜봅니다. 팔랑거리며 떨어지는 플라타너스 낙엽들이 아이들 머리 위로 바람을 타고 지나갑니다. 아이들은 무엇이 즐거운지 내내 까르르 웃어댑니다. 아이들 옆으로 아직도 붉은 꽃대를 올리는 칸나가 슬며시 긴 줄기를 곧추고 훔쳐봅니다. 메뚜기 한 마리가 폴짝거리며 아이들 곁을 스쳐 지나고 긴 다리의 여치며 고약한 냄새가 나는 노린재도 보입니다. 몇 마리 날아오르는 나나니벌 몇 마리는 교무실 아래 죽은 나무에서 왔다 갔다 합니다. 아마 그 속에 집을 지었나 봅니다. 눈부신 가을 풍경보다 더 밝은 아이들의 웃음이 운동장에서 꽃처럼 피어납니다. 무엇이 그렇게 재미있는지 까르르 까르르 웃음소리가 새처럼 이리저리 날아다닙니다. 그 모습이 참으로 고와서 한참을 바라보았습니다.

향기로운 가을바람 아래 천천히 걸어서 교실 뒤편 실습지 쪽으로 올라오다 보니 새까만 열매가 달린 까마중이 보입니다. 어릴 적 '땡깔' 이라고 불렀던 야생초입니다. 녹두알 정도의 크기에 작은 동그란 까마중 열매는 예전에 많이 먹었습니다. 먹을 것이 귀했던 어린 시절 풀섶에 까만 땡깔을 따서 먹으면 달고 푸릇한 맛이 무척 좋았습니다. 옛 생각을 하면서 따 먹으니 달큼하면서 풋내가 납니다. 이제는 입맛도 변했나 봅니다.

이번 주에는 다른 이에 대한 섭섭함과 개인적인 일이 좀 겹쳐 마음이 어두웠습니다. 엉뚱하게 자기 자신을 미워하고, 집에 가서는 아이를 다그치게 되고 그 일은 저를 더 화나게 만들었습니다. 잠시 가을 교정을 산책하고 나니 마음이 많이 개운합니다. 훨씬 밝아진 자신을 발견합니다. 자꾸 누군가에게 핑계를 대고 싶어 하는 자신을 발견하고 잠시 예전에 읽었던 글을 생각하였습니다. 어느 스님의 글이었습니다.

식당을 운영하는 보살님께서 스님께 질문을 하였습니다.

"식당을 하면서 도를 닦을 수 있습니까?"

"암, 닦을 수 있지. 내가 시키는 대로 하겠습니까?"

"하겠습니다."

“절에 자가용이 없던 시절에 해인사에서 재무를 보던 스님이 대구로 볼일을 보기 위해 버스 터미널로 버스 타러 내려가는데 첫 버스에 관광객 수십 명이 절 쪽으로 올라오는 것을 보고, 저기 짜장면 많이 올라온다. 라고 무심코 말했다고 합니다. 그때 입장권의 값이 짜장면 한 그릇 값이었습니다. 재무 스님에게 그들이 돈으로 보였던 것이지요. 보살님은 식당 문을 열고 들어오는 손님이 혹시 돈으로 보이지 않습디까?”

“만일 도인이 식당을 경영한다면 손님이 은인으로 보일 것입니다.”

“그렇습니다. 그 손님 덕분에 먹고 살고, 아이들 공부시켰지요.”

제가 꾀가 났었나 봅니다. 제 곁에 있는 수많은 행복을 잊어버리고 있었습니다. 풍요로운 가을 들판을 볼 수 있는 행복과 꽃보다 어여쁜 아이들과 생활할 수 있는 기쁨, 가족의 소중함을 잠시 잊어버렸습니다. 아둔하여 자기 속에 있는 분노만 보고 진짜 소중한 것을 잊어버렸습니다. 우리가 늘 숨 쉬는 공기의 소중함을 모르고 있듯, 내 주변에 있는 수많은 행복과 기쁨을 잊고 있었다는 생각을 하였습니다. 부끄럽고 또 부끄러운 날입니다. 내 곁에 있는 소중한 행복을 챙기는 하루가 되도록 해야겠습니다.

은사시나무에 바람이 붑니다. 향기로운 가을 바람을 맞으며 음악 소리를 내는 은사시나무를 행복하게 바라보는 오후입니다.

교학상장敎學相長

초겨울 아침은 화장하고 반갑게 맞이합니다. 처음 화장한 소녀의 모습처럼 살짝살짝 희고 고운 박가분을 바른 들녘은 눈부신 아름다움 그 자체입니다. 빈 들에 레이스 자락을 펼친 듯 그렇게 얼음가루가 반짝입니다. 저는 이런 겨울 아침이 좋습니다.

얼마 전 학교 평생교육 프로그램 수료식을 하였습니다. '시와 문학반' 이라는 강좌로 두 달 동안 수업을 하였습니다. 열세 분의 학부모님과 지역민들께서 늦은 밤 시를 읽고 문학을 이야기하였습니다.

투명한 영혼이 부딪히는 시간이었습니다. 처음 시작할 때 작은 면지역에서 과연 문학반 수업이 제대로 이루어질 수 있을지 많은 걱정을 하였습니다. 그렇지만 그것은 기우였습니다. 처음 시작한 분들이 한 분도 빠짐없이 모두 수료증을 받으셨습니다. 교장선생님께서 주시는 수료증을 받을 때 큰 상장을 받는 듯 소중하게 안으며 볼을 붉히는 모습이 마치 소녀처럼 곱고 아름다워 보였습니다.

시를 읽는 것이 좋다는 어머니들의 모습에서 그동안 얼마나 아름다운 글에 목말라하였는지를 여실히 보여주었습니다. 농촌의 연세 많으신 분들은 시를 쓰기 어렵다는 제 생각이 얼마나 잘못된 것인지를 알 수 있었습니다. 아름답고 진솔한 글은 누구나 마음을 울린다는 사실을 사무치게 깨달았습니다. 시 쓰기 숙제를 내주고 나서, 몇 분이나 과제를 해 오실지 걱정을 하였습니다. 시를 쓴다는 것이 참으로 어렵고 힘든 일임을 잘 알고 있기에 과연 시를 쓰실 수 있을까 하고 생각하였습니다.

시 숙제 검사가 있는 날 모두가 고민 가득한 모습으로 교실에 앉으셨습니다. 그리고 힘들어 제대로 못 썼다고 하시며 주머니에서 가방에서 책갈피에서 주섬주섬 꺼내어 놓으셨습니다. 벼를 거두어 들이면서, 하우스 일을 하면서, 콩 타작을 하면서 내내 시에 대한 생각을 하며 한 주를 보내셨다고 합니다. 시를 써야 한다는 생각이 잠을 자면서도 떠나지 않았다는 말씀이 얼마나 감동적이었는지 모릅니다. 힘든 농사일을 끝내고 시 숙제 때문에 온밤을 꼬박 새웠다고 합니다. 새벽 2시에 일어나 시를 쓰면서 많은 생각을 하였다고 합니다. 자식 생각, 남편 생각, 돌아가신 친정아버지에 대한 그리움, 친정어머니에 대한 안타까운 마음.

수많은 진솔한 생각들이 글 속에 오롯하게 담겨서 그리움과 사랑의 날개를 달고 시가 되었습니다. 수많은 삶의 모습들이 아름답게 시 속에 살아 있었습니다. 한 분 한 분 시를 떨리는 목소리로 낭송할 때면 모두 감동의 물결을 이루었습니다. 참 행복하였습니다. 이렇게 진실된 마음으로 글을 쓰는 아름다운 제자들의 시를 대할 수 있어서 눈물이 날 것 같았습니다.

어머니들의 시를 액자에 고운 글씨를 써서 만든 시화전을 하였습니다. 아쉬워하며 내년에 다시 공부를 하고 싶다고 하는 말씀이 참으로 고마웠습니다. 제가 더 많이 배운 시간이었습니다. '교학상장敎學相長'이란 말을 다시금 되새겨 봅니다.

거저 얻어지는 것은 없다

봄이 코앞에 와 있습니다. 살랑살랑 엉덩이를 흔들며 눈웃음을 치면서 코앞까지 얼굴을 디밀고 있는 봄은 그대로 유혹입니다. 안고 싶고, 만지고 싶고, 냄새 맡고 싶은 그런 감정이 봄이 아닐까요.

얼마 전 어느 분의 칼럼에서 읽은 '교육은 비싼 비용을 치러야 효과가 있다'는 말을 내내 생각하였습니다. 공짜로 얻어지는 것은 세상에 없다고 생각합니다. 작은 풀 하나도 피려면 스스로 껍질을 찢고 나와야 합니다. 작은 새 한 마리가 하늘을 날아오르기 위해서는 죽을힘을 다해 나는 연습을 해야 가능하겠지요.

그런데, 우리 교육 현실은 그렇지 못합니다. 무상교육의 실현으로 아무런 대가를 치르지 않고 교실에 앉아서 무상으로 주어지는 교과서를 펴고 강의료를 내지 않는 (중학교까지 무상 교육이므로) 수업을 듣습니다. 그러면서 선생님의 회초리에는 인권을 무시한다고 하면서 들이댑니다. 숙제하라고 하면 점수를 안 받으면 그만이라는 식입니다. 부모들 역시 마찬가지입니다. 학교에서 선생님의 실력 운운하면서 난리를 치는 학부모일수록 비싼 사교육 현장에는 고개를 굽실거리며 내 아이를 가르쳐달라고 합니다. 참, 어처구니없는 현실입니다. 그런 배움이 과연 가치가 있을지 의문스럽습니다.

교육이란 것은 비싼 것입니다. 반드시 배우고자 하면 그 대가를 치러야 그 가치를 발휘할 수 있습니다. 교사가 싸구려 판매원이 된 지금의 현실에서 좋은 교육이 되기는 좀 어려워 보입니다. 이 척박한 현실에서도 교육의 씨앗을 심은 많은 스승들이 있습니다. 교육현장에 있는 사람으로서, 지금은 배움이 얼마나 소중한 것인지 모르지만 나무가 자라면, 풀이 자라면 그 열매를 맺을 때쯤이면 비로소 누군가 치른 대가로 내가 성장할 수 있었다는 것을 알겠지요. 그래서 이 나라의 민초 같은 이름 없는 선생들은 현장을 굳건히 지키는 것입니다.

모든 일에는 대가를 치르는 것입니다. 저 역시 고등학교 시절 철없던 자신을 반성합니다. 부끄럽게도 존경하지 못했던 많은 선생님들께 늘 죄송한 마음을 가집니다. 이따금 버릇없이 구는 아이들을 보면서 낯설지 않게 느끼는 것은 어린 시절의 제 모습이 교차되어서일 것입니다.

세상에는 그저 얻어지는 것이 없습니다. 우주의 원리일 것입니다. 우주에는 공짜 점심이 없다는 어느 작가의 말이 귀에 쟁쟁한 초봄의 저녁시간입니다.

'ㅇ'음에 대한 고찰

경칩을 하루 지난 강마을의 아침은 싸아하게 춥습니다. 개구리가 나왔다가 다시 들어가겠습니다. 양서류에 속하는 개구리는 겨울잠을 자다가 경칩 무렵 놀라 나온다고 합니다.

> 우리나라 개구리는 두꺼비아목에 3과 5종과 개구리아목에 2과 6종이 있고 이 가운데 개구리과에는 참개구리 · 금개구리 · 산개구리 · 아무르산개구리(좀개구리) · 옴개구리(송장개구리 · 네발꺽지)가 살고 있다고 합니다.
>
> —네이버 백과

어제는 진단평가가 있어 학생들이 다섯 과목의 시험을 치렀습니다. 아직 초등학교 티를 벗지 못한 신입생들은 시험지를 받고 문제를 풀고 있습니다. 진단평가이므로 내용은 어렵지 않아 보이지만 긴장해서 시험을 치릅니다. 영어 시험 감독을 들어갔습니다. 듣기평가 문항이 꽤 많습니다. 스피커를 통해 흘러나오는 영어 문제를 아이들은 숨을 죽이며 듣습니다. 영어 발음이 동글동글하게 들려옵니다. 종소리 같습니다.

심심해진 저는 종이라는 글자를 생각하다 자음 'ㅇ' 이 들어간 말들을 가만가만 띠올려 보았습니다. 종, 뎅그랑 뎅그랑, 달랑달랑, 졸랑졸랑 강, 상, 장, 중, 궁….

'종' 이라는 말에는 동그란 'ㅇ' 이 뎅, 뎅, 뎅 소리를 낼 것 같습니다. 받침의 'ㅇ' 이 들어가면 갑자기 그 단어는 청각적 심상과 시각적 심상이 한꺼번에 공감각으로 우리 곁으로 다가섭니다.

'강' 이라는 말은 봄 강의 수면 위로 동그란 파문들이 파르르 흩어지는 것 같습니다. '상' 이란 말 속에는 벌써 동그란 황금빛 메달들이 둥글게 나타납니다. '장' 은 시골장터의 부산하고 요란한 소리와 모양이 눈에 보이고 귀에 들립니다. '쟁그랑 쟁그랑' 엿장수의 가위 소리며 '뻥' 하고 터지는 뻥튀기 장수의 요란한 폭발음이며 고소한 강냉이의 냄새가 코끝을 스칩니다. '중' 이란 말에는 파르라니 깎은 스님의 뒷모습과 면벽한 자태 위로 그윽한 향내가 생각납니다. '궁' 이란 말에는 경복궁, 창경궁의 장엄한 기와선이 눈앞에 황망히 모습을 드러냅니다.

'ㅇ' 이 갖는 둥근 느낌과 음표를 연상시키는 음률감은 우리말을 아름답고 향기롭고 상쾌하게 합니다.

봄이 오고 있습니다. 남쪽에는 매화가 한창입니다. 나비는 팔랑팔랑 'ㅇ' 음처럼 그렇게 우리 곁을 날아다닐 것입니다.

새해, 시간의 경계를 넘어

새해가 밝았습니다. 새해는 새롭다는 말로써 시작합니다. 새롭게 계획을 세우고 새로운 결심을 하고 새로 뜨는 해를 맞이하고 새 마음으로 출근을 합니다.

새해와 묵은해의 경계는 무엇일까요? 새털처럼 많은 날들 중에서 하나일 뿐이지만, 그 경계를 넘어서면 새롭고 다른 해가 되는 것입니다. 모든 것에는 경계가 있습니다. 삼각형이든지 사각형, 오각형의 도형부터 학교와 학원 모두 출발과 졸업이라는 경계를 가지고 있습니다. 선을 넘어서면 이제는 다른 세상인 것입니다.

지난해부터 끝없이 '경계'라는 말을 생각해 왔습니다. 그전부터 이 말이 있었겠지만, 유난히 저에게 많은 생각을 하게 한 것은 삶의 경계를 넘어서는 시기여서일 것입니다. 이제 저는 지천명에 접어듭니다. 불혹을 지나 지천명이라는 새로운 경계를 시작하며 많은 것을 허물 수 있으리라 믿습니다.

여자로서의 삶보다는 인간으로의 삶을 향해 나아갈 수 있는 축복의 시간이 되었습니다. 화려하고 아름다운 꽃 같은 청춘에서 한 걸음 벗어나 보다 깊은 영혼을 들여다보고 공부를 하는 삶이고 싶습니다. 자연의 일부로서 내가 이 대지와 호흡하고 싶습니다. 철학책을 진지하게 읽으며 밤을 새우고 싶습니다. 욕망 앞에서 부끄러워하지 않고 가지고 싶은 것은 가지고 싶다고 말하고, 가질 수 없는 것은 비릴 수 있는 용기를 내고 싶습니다. 인간에 대한 깊은 신뢰를 가지고 따뜻한 시선으로 사람들을 대하고 싶습니다. 적어도 어른으로서의 지혜를 가지기 위해 노력하는 삶이고 싶습니다. 존경받지 못해도 섭섭해 하지 않고, 대접하지 않아도 미워하지 않고 스스로를 챙길 수 있는 너그러운 사람이고 싶습니다. 세상에 대한 끊임없는 호기심으로 눈빛을 반짝이고 많이 웃고 많이 칭찬하고 싶습니다.

새해, 시간의 경계를 넘었습니다. 젊은이들의 시간이 아닌 자연의 시간으로 가는 이 삶이 저는 좋습니다.

나비를 보다

나비를 보았습니다. 호랑나비는 짙은 파우더리향을 풍기는 자잘한 초록빛 꽃이 숨어 핀 회양목 사이를 나폴나폴 날아다니더니, 화단 가에 핀 민들레 노오란 꽃에 잠시 앉았다 진홍의 광대나물 꽃을 한 발로 만져보다가 황금빛 폭포를 막 이루기 시작한 개나리 쪽으로 다시 날아갔습니다.

나비와 관련하여 우리나라에서는 죽은 영혼이 나비로 환생한다는 설화가 있습니다. 죽은 연인이 나비가 되어 나타나기도 하고, 어떤 이야기에서는 젊은이가 나비를 잡으러 갔다가 미인을 만난다는 이야기를 통해 아름다운 연인과의 사랑이나, 부부의 사랑을 뜻합니다. 전통적으로 여인은 꽃으로 남자는 나비로 비유되어 금실 좋은 부부가 서로를 지극히 연모하는 아름다운 그림으로 민화의 대표적인 소재가 되기도 합니다.

그리스 신화에 나오는 큐피드가 사랑하는 소녀 프시케psyche는 나비란 뜻입니다. 영혼이 있는 나비로 어떤 어려움도 견디고 자신의 사랑을 이루는 프시케의 모습은 누에고치를 찢고 나와 기어 다니는 존재에서 날아다니는 찬란한 생명체로의 변화를 보여줍니다. 한 마리의 애벌레가 나비가 되기 위해서는 스스로 고치를 짓고 그 속에서 자아성찰과 고독의 과정을 겪어야 온전한 존재가 되는 것입니다.

봄은 꽃의 계절이고 나비의 계절입니다. 꽃이 피려면 생살을 찢는 아픔을 동반하여야 하듯이 나비는 자신의 존재 가치를 확실하게 보여주는 날개를 얻기 위해 긴 침묵의 시간을 외롭게 혼자 견뎌야 하니까요.

장자는 꿈속에서 나비가 되는 꿈을 꾸었습니다. 장자의 '제물편' 에 있는 꿈에 관한 이야기로 내용은 다음과 같습니다.

> 어느 날 장자는 제자를 불러 이런 말을 들려주었다.
>
> "내가 지난밤 꿈에 나비가 되었다. 날개를 펄럭이며 꽃 사이를 즐겁게 날아다녔는데 너무 기분이 좋아서 내가 나인지도 몰랐다. 그러다 꿈에서 깨어버렸더니 나는 나비가 아니고 내가 아닌가? 그래서 생각하기를 아까 꿈에서 나비가 되었을 때는 내가 나인지도 몰랐는데 꿈에서 깨어보니 분명 나였던 것이다. 그렇다면 지금의 나는 진정한 나인가? 아니면 나비가 꿈에서 내가 된 것인가? 내가 나비가 되는 꿈을 꾼 것인가? 나비가 내가 되는 꿈을 꾸고 있는 것인가?"

> 昔者莊周爲胡蝶 然胡蝶也 自喩適志與 不知周也 俄然覺 則然周也 不知 周之夢爲胡蝶與 胡蝶之夢爲周與 周與胡蝶 則必有分矣 此之謂物化.(석자장주위호접 연호접야 자유적지여 불지주야 아연각 칙연주야 불

지 주지몽위호접여 호접지몽위주여 주여호접 칙필유분의 차지위물화)

알쏭달쏭한 스승의 이야기를 들은 제자가 이렇게 말했다.

"스승님, 스승님의 이야기는 실로 그럴 듯하지만 너무나 크고 황당하여 현실 세계에서는 쓸모가 없습니다."

그러자 장자가 말하기를, "너는 쓸모 있음과 없음을 구분하는구나. 그러면 네가 서 있는 땅을 한번 내려다 보아라. 너에게 쓸모 있는 땅은 지금 네 발이 딛고 서 있는 발바닥 크기만큼의 땅이다. 그것을 제외한 나머지 땅은 너에게 쓸모가 없다. 그러나 만약 네가 딛고 선 그 부분을 뺀 나머지 땅을 없애버린다면 과연 네가 얼마나 오랫동안 그 작은 땅 위에 서 있을 수 있겠느냐?"

제자가 아무 말도 못하고 발끝만 내려다보고 있자 장자는 힘주어 말했다.

"너에게 정말 필요한 땅은 네가 디디고 있는 그 땅이 아니라 너를 떠받쳐주고 있는, 바로 네가 쓸모없다고 여기는 나머지 부분이다."

장자는 장자와 나비는 별개인 것이 확실하지만 그 구별이 애매한 것은 사물이 변화하기 때문이라고 보고 있다. 꿈인지 현실인지에 대한 구분의 무의미함은 더 나아가 크고 작음, 아름답고 추함, 선하고 악함, 옳고 그름을 구분하려는 욕망 역시 덧없는 것일 뿐이라는 인식으로까지 나아간다.

—장자의 호접몽 《통합논술 개념어 사전》(2007. 청서출판)

나비를 보았습니다. 저 나비의 꿈에 내가 있는 것인지, 내 꿈에 나비가 있는 것인지 알 수 없게 느껴지는 봄날 오후의 한때입니다.

망 종

밤꽃이 무성합니다. 비릿한 내음은 흐린 날씨 탓인지 낮게 드리워져 교무실 창을 열고 들어옵니다. 학교 앞 논은 반쯤 모심기를 하였습니다, 어린모들은 연둣빛 어깨를 세우고 일렬로 정렬해 있습니다.

멀리 뭉게뭉게 보리타작 검부러기를 태우는 모습이 보입니다. 황금빛 보리밭이 가뭇없이 사라지고 빵 냄새인 듯 누룽지 냄새인 듯합니다. 저는 이 냄새를 무척 좋아합니다. 따뜻한 무엇인가가 다가와 주는 듯 기분 좋은 구수함이 느껴집니다.

절기상 망종입니다. 그래서인지 이제 보리밭을 베지 않은 곳을 보기 어렵습니다.

"보리는 망종 전에 베라."는 속담이 있습니다. 망종까지 보리를 모두 베어야 논에 벼도 심고 밭갈이도 하게 된다는 뜻이죠. 망종을 넘기면 보리가 바람에 쓰러지는 수가 많으니 이를 경계하는 뜻도

담고 있습니다. "보리는 익어서 먹게 되고, 볏모는 자라서 심게 되니 망종이요.", "햇보리를 먹게 될 수 있다는 망종"이라는 말도 있습니다. 아무튼 망종까지는 보리를 모두 베어야 빈터에 벼도 심고 밭갈이도 할 수 있습니다. 또 이 시기는 사마귀나 반딧불이가 나타나기 시작하며, 매화가 열매 맺기 시작하는 때입니다. 모내기와 보리 베기가 겹치는 이 무렵에는 보리농사가 많은 남쪽일수록 더욱 바쁩니다. 그래서 이때는 "발등에 오줌 싼다."라고 할 만큼 일 년 중 제일 바쁜 시기로 비가 끊임없이 내리며, 농가는 모내기 준비로 분주합니다.

> 망종에는 '망종보기'라 해서 망종이 일찍 들고 늦게 듦에 따라 그해 농사의 풍흉을 점친다. 음력 4월에 망종이 들면 보리농사가 잘되어 빨리 거두어들일 수 있으나, 5월에 들면 그해 보리농사가 늦게 되어 망종 내에 보리농사를 할 수 없게 된다. 곧, 망종이 일찍 들고 늦게 듦에 따라 그해의 보리수확이 늦고 빠름을 판단하는 것이다. "망종이 4월에 들면 보리의 서를 먹게 되고 5월에 들면 서를 못 먹는다."고 하는 속담이 있다. 보리의 서를 먹는다는 말은, 그해 풋보리를 처음으로 먹기 시작한다는 뜻이다. 예전에는 양식이 부족해서 보리 익을 때를 기다리지 못하고 풋보리를 베어다 먹었다고 하니 그때의 삶을 엿보이게 한다. 그래서 망종 시기가 지나면 밭보리가 그 이상 익지를 않으므로 더 기다릴 필요 없이 무조건 눈 감고 베어야 한다는 것이다. 이와 관련하여 "보리는 망종 삼일 전까지 베라."는 말이 있다.
>
> —세시풍속 사전

몇 년 전까지만 해도 망종 무렵은 저 역시 무척 바쁜 때였습니다. 시어른들께서는 휴일이면 전화를 해서 자식들에게 내려오라고 성화셨습니다. 모판을 만들고, 모심기를 준비하고, 마늘을 뽑고, 양파를 수확하였습니다. 시골에 일을 도와 드리러 가면 하루가 모자랐습니다.

그런데 올해부터는 혼자 계신 시어머니께서 힘에 부치셔서 마늘과 양파는 심지 않으셨고, 모판도 주문해서 하기 때문에 일이 적습니다. 농번기라는 말이 무색합니다. 예전에 모판을 만드는 과정을 기억해 보았습니다. 미리 어른들께서는 볍씨를 담가두고, 고운 흙을 마련하셨다가 우리들이 오면 볍씨 뿌리는 기계를 빌려서 모판을 만드셨습니다. 흙과 볍씨를 넣고 손으로 기계를 돌리면 모판 위에 볍씨가 일정한 간격으로 뿌려졌습니다. 한 명은 삽으로 흙을 떠 넣고, 다른 사람은 모판을 아래쪽에 넣어야 하였습니다. 볍씨 위에 흙을 뿌려 완성된 모판은 매일 물을 주면서 모심기를 할 수 있는 상태로 기르게 됩니다. 잠시 도와주는 일이지만 무척 힘이 들었습니다. 그래도 어설픈 도시내기인 내가 일을 거들며 조금씩 농촌의 삶을 이해하는 계기가 되었습니다.

망종 즈음의 강마을 중학교 교무실 창문으로 경운기 소리가 들려옵니다. 뜨거운 여름이 우리 곁을 지키고 있습니다.

도발적인 봄꽃

봄이 되니, 세상이 열리나 봅니다. 지난 겨울 동안 어두운 땅속에 움츠리고 있던 만물들이 쏟아져 나옵니다. 풀과 꽃과 벌레들이 기어 나오고 뚫고 나오고 솟아오릅니다. 그래서 봄은 보이는 것인가 봅니다. 감각 중 시각을 더 자극시키나 봅니다.

푸슬푸슬한 흙에서 슬슬 풀씨들이 싹을 드밀면 그 연한 초록의 향연은 그대로 자극적입니다. 마른 가지 끝에 어느새 맺혀 있는 산수유며 매화는 도발적이고 육감적입니다. 푸른 나뭇잎을 허용하지 않고 그대로 맨살 위로 꽃을 쑥 내미는 것입니다. 괜히 낯부끄러워지는 모양새입니다. 짙은 유혹의 맨살 위에 핀 꽃은 사람들의 마음을 둥둥거리며 허둥거리게 만듭니다. 눈을 어디다 두어야 할지 몰라 힐끔힐끔 두근거리는 가슴으로 봄꽃을 맞이합니다.

자극적이고 육감적인 봄꽃은 그대로 사람들에게 그 감정이 전해집니다. 처녀들은 집안에 조신하게 있지 못하고 쑥 캐기를 핑계로 들로 산으로 쏘다니며 향기를 뿜어냅니다. 그 향기에 넋이 나간 총각들은 처녀들을 찾으러 산으로 들로 소를 몰고 나서는 것입니다.

현대의 여인들도 비슷합니다. 봄이면 꽃구경과 축제를 핑계로 바다로 산으로 꽃 같은 옷을 입고 나서는 것이죠. 그 향기를 따라 젊은이들이 이리저리 뛰어다니는 것입니다. 물론, 자연의 이치에 어긋나지 않아 봄에 눈이 맞은 처녀총각이 가을에 혼례를 올리는 어여쁜 일이 생겨야 될 것입니다. 봄에는 가슴이 뛰고 가을이 그 뛰는 가슴으로 내 사랑을 거두어들여 한 가정을 이루는 삶은 찬란한 봄꽃처럼 아름답습니다.

봄꽃은 도발적입니다. 그 봄꽃의 도발에 동참하고 싶은 봄입니다.

생성과 소멸의 경계

가을이 깊어진 강마을은 점점 비어갑니다. 추수한 들판에 희고 고운 서리가 내렸습니다. 우수수 노란 은행잎이 건드리지 않아도 떨어져 내립니다. 붉은 화살나무 잎도 꽃잎처럼 바람에 날리고 그 사이로 작은 벌레의 주검이 보입니다.

비어 있다는 것은 다시 무엇인가를 담을 수 있을 것입니다. 비어 있는 공간, 비어 있는 마음, 비어 있는 삶은 어떤 것일까요? 우리는 끊임없이 무엇인가를 채우기 위해 노력합니다. 화장대에 바르지 않는 립스틱이 있고, 들지 않는 가방들이 있고, 쓰지 않은 수첩들이 몇 개나 있고, 보내지 않은 편지지 뭉치가 발견됩니다. 일 년에 몇 번 사용할지 모르지만 꼭 필요해 보여 샀던 전기오븐, 요구르트 만드는 것, 쥬스기, 커피를 내리는 기계, 작은 찜질기… 옷장을 열어보면 더 많은 옷들이 걸려 있습니다. 일 년에 한 번도 입지 않는 코트, 스카프, 머플러. 그리고 화장대 서랍을 열어보면 옥색 개구리 모양의 반지, 팔찌, 목걸이 같은 장신구가 수북합니다.

이렇게 많은 물건들을 쌓아두고 어리석게도 삶을 비워가리라 생각만 하면서 '노자 도덕경'을 읽습니다. 이렇게 채우지 못해 안달하는 자신이 부끄럽고 미안하고 한심합니다.

눈부신 황금비가 내리는 신갈나무 숲과 우수수 바람에 고운 잎을 날리는 은사시 나무는 강가에 서 있습니다. 그리고 저는 텅 빈 들판을 보며 나를 어떻게 비워야 하나를 고민합니다.

가을은 깊어가고 《도덕경》에 나오는 '유무상생'이란 말을 내내 중얼거립니다.

> 유와 무는 같은 차원에서 서로 공존한다. 두 대립 면인 유와 무가 같은 공간에서 서로 꼬여 있는 상태가 바로 근본적인 존재의 형식이자 운형의 법칙이다. 이 세계의 만물이 들락거리는 문으로 비유하고 있다. 만들어 발생하고 나오는 곳이다. 문은 출구이지만 입구이기도 하다. 들어가고 나가는 교차점인 것이다.

된서리가 하얗게 내린 강마을의 들판에 작은 풀벌레의 주검이 보입니다. 이것은 벌레의 삶이 끝나는 지점이자 그 벌레가 남긴 생명의 알갱이인 유전인자는 어디선가 새로운 봄을 기다리고 있을 것이니 새로운 삶의 시작점이 아닐까요? 소멸의 공간이자 생성의 공간으로의 경계에 나는 서 있나 봅니다.

이것도 지나가리라

강마을에는 긴 침묵이 붉은 칸나와 노란 루드베키아로 가득한 화단을 채우고 있습니다. 이따금 나나니벌 몇 마리와 검은 제비나비가 날아다니고, 매미 소리는 트럼펫처럼 쏴쏴 울려댑니다.

학생들이 방학을 하니, 학교는 비어 버립니다. 꽃도 벌레도 나무도 그대로인데, 왜 그런지 무겁고 가라앉아 버리는지 모르겠습니다. 이렇게 빈 학교에 앉아 하루 종일 책을 읽었습니다. '한비야'의 여행기도 읽고, 공간에 대한 글과 '꿈이 있는 아내는 늙지 않는다'는 가슴 뛰는 메시지를 던지는 어느 유명 강사가 쓴 글도 읽었습니다. 몇 장의 엽서에 연꽃을 그렸습니다. 그리고 커피를 한 잔 들고 현관에서 멀리 융단처럼 펼쳐진 초록의 논도 바라보았습니다. 이렇게 한가한 시간을 낼 수 있는 것이 기적처럼 느껴지던 지난 학기를 다시 생각해 보았습니다.

참 좋은 하루입니다. 뜨거운 햇살과 더 뜨거운 지열 이따금 나뭇

잎을 팔랑거리는 은사시나무의 훌쩍한 모습을 한가롭게 바라볼 수 있어서 참 좋습니다. 길고 긴 침묵이 감싼 학교에서 하루 종일 수업도 없이 공문도 없는 하루를 근무하면서 행복해합니다.

하얀 모시 치마저고리를 입고 학교에 앉아서 책을 읽은 참 좋은 여름날입니다. 치열했던 지난 학기 동안 이런 여유가 얼마나 그리웠는지 모릅니다. 매일매일 바쁘고 힘들고 어려운 시간들이었습니다. 그런 시간들을 살 견뎌낸 나에게 상을 주고 싶습니다. 상으로 한가로운 책 읽는 시간과 향기로운 차 마시는 시간과 푸른 나무들의 향기를 받고 싶습니다. 이제 곧 개학을 하니 다시 바쁜 나날로 돌아갈 것입니다.

문득 며칠 전에 읽은 책의 한 구절이 생각납니다. 어느 왕이 신하에게 명령합니다. 기쁨도 슬픔으로 만들고 아무리 슬프고 안타까운 일도 기쁨으로 바꾸는 것을 가져오라고 합니다. 그러자, 현자는 왕에게 반지를 하나 가져다 드립니다. 이 반지에는 한 구절이 새겨져 있었다고 합니다.

"이것도 지나가리라."

왕은 이것을 보고 만족한 웃음을 지었다고 합니다.

저는 힘들거나 제 마음이 할퀴어져 있을 때면 이 구절을 생각합니다. '이것도 지나가리라' 사랑도 미움도 일도 돈도 명예도 다 지나가는 것이 아닐까요. 여름도 이렇게 지나갈 것입니다. 아무리 뜨거운 여름 볕도. 다만 그때 제 자세가 중요하겠지요.

여름의 한가운데입니다. 여름살이, 건강하시기 바랍니다.

연극을 함께하며

시골 중학교의 저녁은 무척이나 쌀쌀합니다. 공기가 맑고 깨끗해서인지 해가 떨어지면 한기가 금세 몰려옵니다. 퇴근 시간이 자꾸 늦어집니다. 학교 축제에 공연할 연극 연습을 하기 때문입니다. 수업을 마치고 강당에 모여 잠시 연습을 하고 나면 이렇게 바깥이 어두워집니다.

연극에 참여하는 학생의 수는 12명입니다. 중학생 수준에 맞는 대본을 구하기도 힘들어 결국 대본은 학생들이 공동으로 쓰고, 소품과 의상도 스스로 만들어 준비하였습니다. 조그만 강당에서 하려면 무대 장치를 최소한으로 줄여야 하고 조명은 열악하지만, 매일 연극에 참여하는 학생들과 눈을 맞추고 준비운동, 발성연습, 연기지도를 하는 것이 저는 참 좋습니다.

연극은 묘하게 사람들을 응집시키는 힘이 있습니다. 작년에도 학교축제에서 연극을 하였습니다. 그런데 제가 참여시킨 많은 학생들은 초등학교에서 중학교에 오는 동안 사람들 앞에서 한 번도 무대에 서 본 일이 없는 학생이 대부분입니다. 어떤 발표수업보다 학생들의 표현능력 향상에 도움이 되는 것이 연극이라고 저는 생각합니다.

학생들은 연극을 하면서 얼마나 열심히 연기를 하였는지 무대 위에서 왜구들과 싸움을 하는 장면은 거의 실전 같았습니다. 장군인 종목이의 칼에 맞아 죽은 왜구 역을 맡은 지은이의 가슴에 멍이 들어 있었답니다. 지은이가 엄청나게 아파 무대 위에서 진짜로 신음소리를 내었다면서 멍 자국을 연극이 끝나고 보여주었습니다. 성격 좋은 종목이는 미안하다고 연신 사과를 하면서 무척 즐거워하였습니다. 아이들의 얼굴은 뿌듯한 자신감으로 환한 꽃이 되어 피어납니다.

시골 중학교의 축제는 참 재미있습니다. 우리 학교 학부모들이 돼지 한 마리 잡는다고 합니다. 그리고 어머니회에서는 떡국을 끓여서 손님들과 학생 모두에게 대접한다고 준비 중입니다. 아마 푸짐한 잔치가 될 것 같습니다. 내일 축제가 끝나면 아이들과 함께 둘러앉아 두툼한 돼지고기를 김치에 싸서 먹을 것입니다. 맛난 떡국도 한 대접 먹고요. 어머니들은 떡과 과일도 학생들 식탁 위에 가득히 챙겨주실 것입니다.

지도하면서 조금 힘들기는 하지만 아이들과 마음을 나누는 연극 활동은 참으로 좋습니다. 특히 부적응 학생이나 소외된 학생을 따뜻한 시선으로 두 손을 잡고 함께 참여하기를 권한다면 생활지도가 따로 필요 없이 좋은 길잡이가 될 수 있으리라 생각합니다.

아이들과 연극 연습을 하는 사이 강마을 가까운 중학교엔 늦가을 햇살이 산 위에 도토리만큼 남아 있습니다. 까르르 웃음을 날리며 아이들이 주섬주섬 책가방을 챙겨들며 인사를 하고 저만치 운동장을 달려 나갑니다.

십 년이나 이십 년이 흘러 우리의 아이들이 한 아이의 엄마나 아빠가 되어 중학교 시절을 기억하면 그때 함께했던 연극을 좋은 추억으로 간직하게 해 주고 싶은 작은 바람을 제 마음밭에 꼭꼭 심어 봅니다.

가을 들판에서

아침 등산을 다녀오신 어머니께서 "산에 갔더니, 할배가 왔더라."라고 말씀 하십니다. '할배'는 된서리를 뜻하는 시골 어르신들의 말입니다. 이제 할배가 왔으니, 얼마 남지 않은 고춧잎이 말라버릴 것이라고 합니다. 된서리가 내린 들판은 희고 고운 망사 천을 덮은 듯 그렇게 아름다운 가을의 정취를 보여줍니다.

요즘은 산과 들이 갈아입은 가을 옷으로 참으로 눈부십니다. 개옻나무의 타는 듯 붉은 색과 키 큰 나무에 속하는 백합나무 노란색을 저는 좋아합니다. 이렇게 아름다운 시절이지만 꼭 농촌의 추수와 맞물려 항상 바쁘다는 것이 문제입니다.

단풍구경을 가려고 하던 것을 그만두고 시골에 일을 도우러 갔습니다. 토요일과 일요일을 들과 산에서 힘들게 보내었습니다.

첫날은 마늘 논에서 비닐을 덮고 그 위로 마늘 싹을 올리는 일을 하였습니다. 뾰족한 갈고리로 비닐 구멍을 뚫고 그 위로 5~10센티 정도 자란 마늘 싹을 올려주는 것입니다. 보기에는 쉽고 단순하지만 긴 밭고랑에 앉아서 하고 있으니 허리도 아프고 다리도 아팠습니다. 하지만 어쩌겠습니까? 팔순의 시아버님과 칠순의 시어머님께서 열심히 하시는데, 젊은 며느리가 힘들다고 할 수는 없으니까요.

시간은 흘러 어느덧 일을 끝내고 일어서니 하늘이 아득하였습니다. 그리고 집으로 돌아가는 길에 보이는 마늘 논에 촘촘하게 자란 마늘 싹을 보면서 누군가의 수고로움을 생각하였습니다.

저녁을 먹고 나니, 온몸이 천근만근입니다. 그래도 마음만은 개운합니다. 시어머니께서 된서리가 내리기 전 마늘논의 비닐을 덮어야 한다고 늘 걱정하셨는데 이제는 걱정이 없으니까요. 다음 날은 단감 밭에 가서 감을 땄습니다. 시댁이 있는 창녕군 영산면에는 단감농사를 많이 합니다. 우리 집도 그냥 나누어 먹을 만큼의 감나무 몇 그루가 있습니다. 시어른께서 여름 내내 약을 치고 거름을 내면서 애지중지 기른 것이지요.

단감을 따러 간 일요일, 하늘은 높고 들녘은 온통 억새가 바람에 날리는 만추지절입니다. 보랏빛 쑥부쟁이와 흰 구절초가 길섶에 곱고 어디에나 고운 옷을 입는 가을나무들이 사랑스러운 아침이었습니다.

집에서 멀지 않은 곳에 있는 감나무 밭에 식구들이 총출동을 하여 단감을 땄습니다. 알알이 영근 감나무에서 금방 딴 단감을 버석하고 베어 물면 아삭한 단감의 속살이 시원하고 달콤합니다. 식구가 많으니 한나절 만에 단감을 다 땄습니다. 그리고 밭에 가서 배추며 무도 뽑고 시금치도 캐서 왔습니다.

경운기에 가득 실린 단감이며 무와 배추를 보니 마음이 풍요롭습니다. 세상은 어디에나 가을빛이 널려 있습니다. 먼 산에도 가까운 산에도 가을이 다가와서 참으로 아름다운 계절입니다. 하지만 이 풍요로움도 누군가의 수고로움이 있어서 가능한 것입니다. 그 수고로움은 붉은 단풍잎이 되어 세상을 빛내고 있습니다.

가을이 깊어져 있습니다

점심을 먹고 잠시 산책을 하였습니다. 초봄 하이얀 꽃을 두둥실 피워 올렸던 목련나무의 노란 낙엽들이 화단에 수북하게 쌓여 있습니다. 우수수 떨어진 잎이 그대로 한 무더기를 이루고 있습니다. 그 앞 노란 국화 화분 옆에 앉아 차를 마셨습니다.

가을은 결실의 계절이라고 합니다. 농부들은 들판에서 바쁘듯이 선생인 저는 학교에서 그동안 이룬 실적들을 펼쳐놓는 보고회로 바쁩니다. 학교 축제도 이때쯤입니다. 많은 손님들이 학교에 오고, 그리고 행사 순서에 맞게 안내장과 여러 가지 영상물, 실적 자료를 준비합니다.

이번 독서 관련 보고회의 주제는 '다양한 독서 활동을 통한 자기 주도적 표현 능력 신장' 입니다. 그중에서 가장 공을 들인 것은 독서 동아리 행사입니다. 전교생을 10개의 동아리로 만들고 함께 책을 읽고 토론한 뒤 독후 활동을 자기들 스스로 만들어 하는 것입니다. 어떤 동아리에서는 '공개수배' 의 형식을 빌려오기도 하고, 연극 활동으로 표현하기도 하였고, 어떤 동아리는 직접 만든 종이인형으로 연극을 공연하였습니다.

아이들과 함께하는 독후활동은 놀라움의 연속이었습니다. '어쩌면 저렇게 다양한 생각이 자라고 있을까?' 하고 감탄하였습니다. 그 중에서 소설 《연어》를 읽고 만든 인형극은 참 신선하였습니다. 학생들은 누꺼운 도화지에 연어들의 모습을 캐릭터로 그리고 색칠한 뒤 긴 막대에 줄을 달아서 움직임을 나타내었습니다. 작은 널빤지 무대 위에 숨어서 목소리 연기를 하는 모습이 참으로 어여쁘고 사랑스러웠습니다. 은빛 연어가 눈 맑은 연어에게 사랑을 속삭이면서 파르르 떨리던 미세한 움직임까지 최선을 다해 연기하였습니다. 오래오래 저를 감동시켰습니다.

가을이 깊어졌습니다. 많은 행사들이 끝나고 아이들은 마지막 시험을 앞두고 있습니다. 그리고 저는 잠시 교정을 산책할 여유를 가졌습니다. 낙엽도 밟아보고, 국화 화분에 코를 가져다 대고 짙은 향기에 취해 봅니다. 저 멀리 떠나는 가을을 배웅하면서 헤르만 헤세의 시를 읽어야겠습니다.

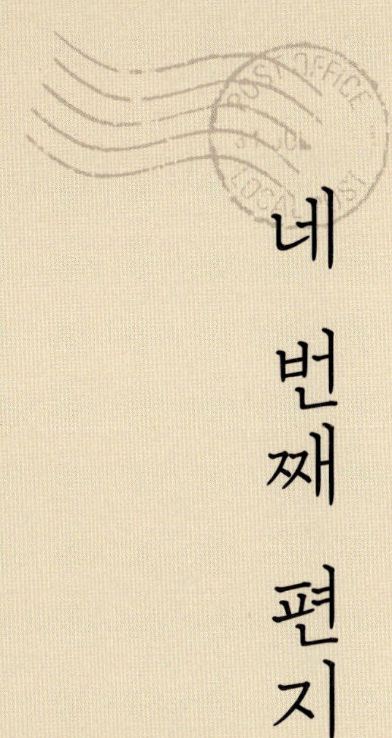

네 번째 편지

낙엽끼리 모여 산다 / 익모초꽃이 피었습니다 / 아! 무궁화 / 땡삐와 산딸기 / 먹구름 사이로 언뜻언뜻 보이는 푸른 하늘은 / 반가운 손님 같은 자귀나무꽃 / 눅눅한 바람 사이로 비 냄새가 납니다 / 밤꽃 내음이 무성합니다 / 즐거운 조리 실습 이야기 / 그리운 것들 / 귀신 이야기 / 니가 내 대사 하모 우짜노?

낙엽끼리 모여 산다

가을이 저만큼 성큼성큼 큰 걸음으로 걸어가고 있습니다. 겨울이 금세라도 얼굴을 내밀고 인사를 할 것 같습니다. 아침마다 투명한 레이스 자락을 펼친 듯 하얀 서리가 내린 들판 사이로 햇살이 눈부십니다. 빠알간 화살나무 잎 가장자리의 흰 서리는 수를 놓은 듯 곱습니다.

학교의 화단 가장자리에서 말라가던 칸나를 베어내었습니다. 마른 칸나 줄기를 실어 쓰레기장에 가져다 버리고, 지난여름 화려함을 뽐내던 루드베키아 줄기도 정리하였습니다.

가을 저녁 무렵 비스듬히 넘어가는 햇살 사이로 이따금 노란 은행나무 잎이 날아와서 금방 쓸어 놓은 길을 다시 어질러 놓습니다. 저는 가을걷이를 하듯 이렇게 하는 화단의 정리가 참 좋습니다. 아직 푸른 기가 조금 남은 칸나의 줄기와 해바라기 마른 줄기에서는 짙은 가을 냄새가 배어 있습니다. 커피 향 같기도 하고, 묵은 메주 냄새 같기도 한 뭐라 말할 수 없는 깊은 향기가 납니다.

바스락 바스락 소리를 내면서 발밑에 밟히는 마른 잎 소리와 감촉도 참 좋습니다. 긴 대나무 빗자루로 학교 진입로에 뿌려진 플라타너스의 커다란 잎사귀를 쓰는 것은 제게 즐기는 가을의 일과입니다. 새잎도 좋지만 세상의 모든 것을 잊어버린 듯 그렇게 미련 없이 떨어지는 가을 잎도 참 고맙습니다. 그래야 그 자리에 새잎을 꿈꾸고 눈부신 봄꽃을 기약하기 때문이겠지요.

우수수 바람이 불어 운동장을 뒹굴던 플라타너스 잎을 한구석으로 몰아 놓습니다. 길모퉁이엔 바람이 데려온 낙엽들이 모여 있습니다. 낙엽은 낙엽끼리 모여 산다. 낙엽도 낙엽끼리 모여서 있구나. 이런 생각을 하니, 그 구절이 낯이 익습니다. 조병화 님의 〈낙엽끼리 모여 산다〉란 시의 한 구절입니다.

> 낙엽에 누워 산다.
> 낙엽끼리 모여 산다.
> 지나간 날을 생각지 않기로 한다.
> 낙엽이 지는 하늘가
> 가는 목소리 들리는 곳으로 나의 귀는 기웃거리고
> 얇은 피부는 햇볕이 쏟아지는 곳에 초조하다.
> 항시 보이지 않는 곳이 있기에 나는 살고 싶다.
> 살아서 가까이 가는 곳에 낙엽이 진다.
> 아, 나의 육체는 낙엽 속에 이미 버려지고
> 육체 가까이 또 하나 나는 슬픔을 마시고 산다.
> 비 내리는 밤이면 낙엽을 밟고 간다.

비 내리는 밤이면 슬픔을 디디고 돌아온다.

밤은 나의 소리에 차고

나는 나의 소리를 비비고 날을 샌다.

낙엽끼리 모여 산다.

낙엽에 누워 산다.

보이지 않는 곳이 있기에 슬픔을 마시고 산다.

— 조병화 〈낙엽끼리 모여 산다〉

낙엽은 낙엽끼리 모여 살 듯 우리 범상한 사람들끼리 모여서 서로 비비고 체온을 느끼며 살아가는 것이겠지요. 우수수 아직 몇 장 남은 잎새들이 삽상한 바람에 날립니다. 바람이 몰아가는 마른 잎 사이로 통통 뛰어가는 아이들의 발소리와 빨갛고 노란 웃음소리가 불을 켜는 가을 저녁 무렵입니다.

날씨가 차가워졌습니다. 감기 조심하십시오.

익모초꽃이 피었습니다

우리 학교가 있는 경남 의령의 강마을은 그대로 익어버릴 듯 더운 여름 볕이 내리붓고 있습니다. 그저께가 말복이었으니 지금은 여름 한가운데에 서 있습니다.

그 뜨거운 여름 햇볕 사이에 연분홍색 익모초 꽃이 피었습니다. 옛날 숙직실 뒷편 구석에 쑥과 비슷한 익모초가 한 포기 자라는 것을 봄에 보았습니다. 그래서 혹시 내가 틀렸나 하고 옆에 계신 행정실장님께 여쭈어 보니, 익모초가 맞다고 하더군요.

익모초益母草는 이름 그대로 여성 즉 어머니를 이롭게 하는 약초입니다. 어릴 적 입맛이 없을 때 어머니께서 익모초를 찧어 그 생즙을 짜 주셨던 기억이 납니다. 쓰디쓴 물을 마시고 나면 이상하게도 입맛이 다시 살아났습니다. 그렇게 쓰디쓴 맛을 내는 익모초가 예쁜 꽃을 피우고 있습니다. 참으로 감탄스럽습니다. 선머슴같이 껑충껑충 뛰어다니던 여자아이에게 찾아온 분홍 첫사랑 같습니다.

익모초에 대한 전설을 찾아보았습니다.

옛날 어느 마을에 아버지를 여의고 어머니와 아들 단둘이 살아가는 집이 있었습니다. 어머니는 아이를 낳고 몸조리를 잘 못하여 혈액 순환이 잘 되지 않아 팔다리가 저리고 배가 아파 늘 고생하였습니다. 어머니의 병은 아들이 열 살이 넘도록 낫지 않았습니다. 아들은 어릴 때부터 어머니에 대한 효성이 지극했습니다. 아들은 허약한 몸으로 힘들게 일하며 베를 짜는 어머니를 볼 때마다 가슴이 너무 아팠습니다.

"어머니, 아픈 것은 참지 마시고 의원을 찾아가 진맥을 한 번 받아보세요."

"쌀독에 쌀 한 톨 없는 처지인데 의원이 무슨 말이냐? 병도 먹을 것이 있고 나서야 고치는 게지…."

"그럼 약초 캐는 노인이라도 찾아가 약을 좀 사서 잡수세요!"

"됐다. 너나 어서 커서 어른이 되거라. 나는 아직 괜찮다."

"어머니, 그렇게 몸을 천대하다간 정말 큰일 납니다. 어머니는 저 때문에 반평생 고생만 하지 않았습니까? 여생은 제가 편하게 모시려 하는데 늘 편찮으시면 어떻게 합니까?"

아들은 곧바로 약초 캐는 노인을 찾아가 어머니의 병세를 자세히 말하고 약 두 첩을 사 왔습니다. 어머니는 아들이 지어 온 약을 달여 먹었습니다. 그랬더니 정말 신기하게도 몸이 가볍고 날아갈 것 같았습니다. 그러나 그것도 며칠뿐이었습니다.

아들은 다시 약초 캐는 노인을 찾아갔습니다.

"그 약을 먹고 며칠은 좋았는데 다시 아프다고 합니다. 어머니 병을 완전히 낫게 할 수는 없겠습니까?"

"그야 어렵지 않지만 돈이 좀 있어야 해!"

"얼마나 있어야 합니까?"

"완전히 낫도록 먹으려면 쌀 다섯 가마와 은돈 열 냥은 받아야지, 워낙 귀한 약이니깐 말야. 그래도 의원을 찾아가봐, 그 몇 배는 더 달라고 할거야!"

아들은 노인의 말을 듣고 혀를 내둘렀습니다. 그러나 돈을 내지 않으면 약을 주지 않을 것이고, 약을 먹지 않으면 어머니 병이 낫지 않을 것이라 아들은 망설이다 한 가지 방법을 생각해 냈습니다. 이튿날, 아들은 약초 캐는 노인을 집으로 모시고 왔습니다.

"저의 어머니 병만 고쳐 주신다면 그 따위 쌀과 은돈쯤이야 문제 없습니다."

"그래? 그렇다면 나만 믿어. 내일 당장 약을 지어 주마!"

약초 캐는 노인은 횡재하는가 보다 생각하고 기쁜 마음으로 돌아갔습니다. 아들은 몰래 노인의 뒤를 따라가서 노인의 집 앞에 있는 큰 나무 위로 올라갔습니다. 그리고 그 나무 위에서 밤을 새며 노인의 행동을 살폈습니다.

날이 채 밝지도 않았는데 문 여는 소리가 나고, 이어 호미와 망태기를 챙겨 든 노인이 나왔습니다. 노인은 북쪽으로 걸어갔습니다. 아들은 나무에서 내려와 노인의 뒤를 따라갔습니다. 노인은 의심이 많은 사람이라 혹시 누가 뒤따라 와서 훔쳐볼까 봐 몇 번이나 뒤돌아보며 걸어갔습니다.

그러다 제방 쪽으로 가더니 갑자기 쭈그리고 앉아 뭔가를 열심히 캐기 시작했습니다. 노인은 약초 몇 포기를 캐 잎은 모두 훑어 강에 버렸습니다. 아들은 제방으로 가서 잘 살펴보았지만 노인이 캐던 풀이 어느 것인지 알 수가 없었습니다. 아들은 약초 캐는 노인이 약초 잎을 강에 버린 것을 떠올리고 강물로 뛰어들었습니다.

"약초 잎만 찾으면 알 수 있을 것이다!"

다행히 물살이 세지 않아 모두 떠내려가지 않고 몇 개의 약초 잎이 바위에 걸려 맴돌고 있었습니다.

"야, 찾았다!"

아들은 큰 재물을 얻은 것보다 더 좋아하며 담홍색과 흰 꽃이 함께 핀 쑥잎 처럼 생긴 잎 몇 개를 건져 올렸습니다. 아들은 그 약초 잎처럼 생긴 잎이 달린 풀을 보이는 대로 캐 집으로 갖고 갔습니다. 손발을 씻고 안으로 들어가려는데 마침 노인이 약 두 첩을 들고 들어왔습니다.

"이건 이틀 분 약이고, 모레 또 갖고 오마!"

"예, 고맙습니다."

아들은 노인이 돌아간 뒤 약봉지를 풀어 보았습니다. 그러나 모두 잘게 썰고 찧어 놓아서 원래 약초의 모양을 알 수가 없었습니다. 아들은 노인이 지어 온 약과 자기가 직접 캐 온 약초의 냄새를 비교해 보았습니다. 비슷한 것 같기도 하고 아닌 것 같기도 했습니다.

"에라 모르겠다. 독초는 아닐 테니 내가 캐온 것을 먼저 써 보자!"

아들은 노인이 갖고 온 약은 한쪽에 두고 자기가 캐 온 약초를 먼저 달여 어머니에게 드렸습니다.

"어떠세요. 어머니? 조금 낫는 것 같아요?"

"그래, 훨씬 좋아진 것 같아!"

신기하게도 그 약을 먹고 이틀쯤 지나니 어머니의 병세는 눈에 보일 정도로 좋아졌습니다.

이틀 뒤, 노인이 또 약을 지어 왔습니다. 아들은 공손히 절을 한 뒤 말했습니다.

"정말 죄송합니다. 어머니가 괴로워하시는 걸 보고 무슨 일이든 하겠다고 생각했지만 아무리 생각해봐도 우리 집 형편으로 그렇게 많은 쌀과 돈을 구할 수 없습니다. 그래서 이틀 전에 지어 주신 약도 먹지 않고 그대로 두었습니다. 그러나 갖고 오신 약값은 드릴 테니 받으시고 내일부터 오시지 않아도 되겠습니다."

"정 그렇다면 할 수 없지!"

약초 캐는 노인은 실망한 듯 고개를 내저었습니다.

"너의 어머니는 약을 계속 드셔야 해. 그러지 않으면 이번 추석까지도 사시기 어려울 거야."

"예. 알고 있습니다. 그러나 돈 없는 사람은 할 수 없는 일이죠."

노인은 두 첩의 약값만 받아 돌아갔습니다.

"그런 걱정은 안 하셔도 됩니다!"

아들은 그렇게 중얼거리며 매일 제방으로 가서 약초를 캐다 어머니에게 정성껏 달여 드렸습니다. 어머니의 병도 아들의 정성에 감동했는지 보름도 안 가 완전히 나았습니다. 그러나 아들은 그 약초의 이름을 알지 못했습니다.

"뭐라고 부를까? 그래, 어머니를 도운 약초이니 도울 익益자에 어미 모母자를 써서 익모초益母草라 부르자!"

그 뒤로 그 약초를 익모초라 불렀습니다.

—한국토종산야초연구소

익모초에는 이런 아름다운 전설이 숨어 있었습니다. 연분홍 꽃이 층층이 핀 익모초를 다시금 바라보았습니다. 이렇게 꽃이 있어 세상은 참으로 아름답습니다. 또 이렇게 향기롭습니다.

폭염주의보가 내렸다고 합니다. 건강에 유의하시기 바랍니다.

아! 무궁화

강마을 학교 언저리에는 지천으로 산딸기가 7월의 따가운 햇살을 받으며 여름방학을 기다리는 아이들 마음처럼 빠알갛게 익어갑니다.

아침에 경남 함안군 법수면의 길가를 따라 심어진 나라꽃 무궁화를 보았습니다. 아침 이슬을 머금은 푸른 들판 사이의 길가에 핀 무궁화를 감격스럽게 바라보았습니다. 잘 가꾸어진 무궁화 한 나무마다 몇백 송이의 크고 아름다운 꽃이 피어 보는 이를 황홀하게 만들었습니다.

저는 개인적으로 좋아하는 꽃을 이야기하라면 무궁화를 말합니다. 아니 무궁화 예찬론자입니다. 무궁화 이야기만 나오면 우리 꽃이 얼마나 멋진 꽃인지 내내 열을 내어 설명합니다.

이런 제 마음과 달리 요즘은 무궁화를 보기가 어렵습니다. 길가 심어진 무궁화 나무가 있기는 해도 가꾸지 않아 무시무시한 환삼덩

굴이 타고 올라가 꽃조차 보이지 않은 나무가 많고요. 얼마나 속이 상한지 모르겠습니다. 무궁화는 가꾸기가 어렵지 않은 꽃으로 조금만 돌보아 주면 초여름부터 가을까지 매일 아름다운 꽃을 감상할 수 있답니다.

개인적으로 흰색 단심 계열의 무궁화를 좋아합니다. 깔끔하고 단정한 모습이 마치 흰 모시적삼을 입고 찻물을 따르는 소녀 같습니다. 분홍의 무궁화 꽃은 사랑스러운 새댁의 연붉은 볼처럼 해사하고 곱습니다.

아침의 나라인 한국, 그 나라꽃답게 아침을 사랑하는 꽃이 무궁화입니다. 아침에 무수히 보석처럼 피어난 그 꽃의 기운은 아침의 나라 한국과 참 잘 어울립니다. 그리고 저녁이면 도로로 말려서 다시 봉오리로 돌아가 떨어지는 단정한 꽃 무궁화는 어지럽지 않은 뒷모습 또한 어여쁜 꽃입니다.

무궁화의 꽃말은 '일편단심' 입니다.

전설을 살펴보면 옛날 북부 지방에 있는 어느 한 산간마을에 글 잘 쓰고 노래를 잘하는 아주 예쁘게 생긴 여자가 살고 있었다고 합니다. 많은 사람들은 이 여자의 재주를 칭송했고, 귀여워해 주었습니다. 그런데 이 여자의 남편은 앞을 보지 못하는 장님이었습니다. 여자는 남편을 매우 사랑하였습니다. 언제나 지극정성으로 앞을 보지 못하는 남편을 돌보았습니다. 제아무리 돈 많고 권세 있는 사람들이 여자를 유혹하여도 조금도 흔들리지 않았습니다. 그러던 어느 날 그 마을을 다스리던 성주가 그녀의 재주와 미모에 반해 그녀를 유혹하였습니다. 그러나 그녀는 여전히 한결같은 마음으로 남편을 돌볼 뿐이었습니다. 애를 태우던 성주는 마침내 부하를 보내 강제로 그녀를 잡아들였습니다. 그리고는 온갖 수단과 방법을 가리지 않고 그녀의 마음을 돌리려 하였습니다. 그러나 그녀는 끝까지 성주의 말을 듣지 않았습니다. 성주는 화가 나서 단숨에 칼로 그녀의 목을 잘라버리고 말았습니다. 그녀가 죽은 뒤 성주는 그녀의 절개에 감탄하여 그녀의 시체를 남편이 살고 있는 집 뜰 앞에 묻어 주었습니다. 그 후 그 무덤에서 꽃이 피어났는데 이 꽃나무는 자라고 자라서 집을 온통 둘러쌌습니다. 마치 장님인 남편을 감싸 주려는 듯이 울타리가 되었습니다. 동네 사람들은 이 꽃을 '울타리꽃'이라고 불렀다고 합니다. 울타리꽃은 무궁화의 또 다른 이름입니다.

무궁화의 또 다른 전설은, 고려 16대 예종왕 때 일어난 일입니다. 예종 임금은 참으로 사랑하는 신하가 셋 있었습니다. 세 신하를 똑같이 아끼어 벼슬도 똑같이 참판 벼슬을 내렸습니다. 그러나 신하들은 그렇지가 못하였습니다. 어떻게 해서든지 예종 임금에게 더 잘 보이려고 하였습니다. 더 잘 보이려고 하니, 서로 시기하고 헐뜯고 하였습니다.

그러나 세 사람 가운데 한 사람 구참판만은 그렇지 않았습니다. 마음이 비단결 같은 구참판은 다른 사람의 이야기를 할 때면 "쓸데없는 소리 마오. 그 친구를 욕하면 내 얼굴에 침 뱉기요."하고, 자리를 뜨곤 하였습니다. 이러는 사이에 정참판과 박참판은 둘이 만나면 구참판 이야기로 하루해를 보내는 것이었습니다. 정참판과 박참판은 구참판을 궁궐에서 쫓아내기로 서로 짜서 없는 죄를 뒤집어 씌웠습니다.

세상 물정을 잘 모르는 예종 임금은 그것을 사실로 믿었습니다.

정참판과 박참판의 꾐에 넘어간 것입니다.

"네 마땅히 사형으로 다스릴 것이나, 경상도 땅으로 귀양을 보내노라. 종 하나를 붙여서…."

임금님은 말끝을 맺지 못하였습니다. 박참판과 정참판의 흉계인 줄을 뒤늦게 알았으나, 왕은 두 사람의 말을 듣지 않으면 안 되었습니다.

"전하!"

구참판은 엎드려 울었습니다.

한 번 떨어진 명령은 어쩔 수 없는 것. 그날로 구참판은 귀양지에 끌려갔습니다. 귀양지에 도착한 구참판은 개성 쪽으로 무릎을 꿇고 앉아 임금님 생각만 하였습니다. '나는 아무 죄가 없는 몸이다. 죄인은 정참판과 박참판이다' 혼자서 이렇게 생각하면서 구참판은 외롭게 살았습니다.

역적으로 몰렸으니 구참판의 집안도 전부 망해 버렸습니다. 부인은 종이 되어 끌려갔고, 아들 딸들은 어떻게 되었는지 소식조차 모릅니다. 그렇지만, 구참판은 임금님을 원망하지 않았습니다. 임금님에 대한 충성심은 날로 더해만 갔습니다.

"전하, 만수무강하소서…."

임금님을 향한 기도는 계속되었습니다.

"참판님, 무엇을 좀 잡수셔야죠?

이렇게 앉아서 기도만 한다고 누가 알아주기라도 한단 말입니까? 네!"

먹쇠 놈이 울면서 간청했지만, 구참판은 눈 하나 까딱하지 않았습니다.

“좀 드시와요? 이렇게 굶으시다가는 제명을 못 사십니다. 제명을…”

벌써 며칠째 굶고 있는 구참판입니다. 차라리 굶어 죽고 싶은 구참판, 마침내 가랑비가 내리던 밤, 구참판은 숨을 거두었습니다. 종 먹쇠는 양지바른 곳에 구참판을 묻어주었습니다.

다음 해 봄, 구참판의 묘 앞에는 꽃이 피었습니다. 그 꽃이 바로 우리나라의 나라꽃, 무궁화입니다. 임금님을 사랑하던 마음이 빨갛게 달아서, 무궁화 꽃 속은 빨간빛이 되고, 구참판의 죄 없음을 여러 사람에게 알리기 위해 꽃잎은 하얀빛, 보랏빛으로 피어났습니다.

길가에 차를 세우고 무궁화 꽃을 찍고 있으니, 일찍 논을 보러 나오신 촌로 두 분이 무엇을 찍느냐고 물어보십니다. 그래서 무궁화가 참 예쁘게 가꾸어져서 찍는다고 말씀드리니, 아주 흡족한 얼굴로 그러면 우리도 한번 찍어달라고 하십니다. 한 컷을 찍었습니다. 그리고 이 길에는 무궁화를 잘 가꾸어놓았으니 널리 알려달라고 하시면서, 흐뭇한 표정으로 나라꽃 무궁화를 바라보십니다.

매일 아침 세수한 듯 매일 새롭게 다시 피는 꽃, 무궁화!
피고 지고 또 피어 그 수없는 꽃이 즐거움을 주는 꽃, 무궁화!
태양과 운명을 같이하듯 아침을 상징하는 꽃 무궁화!
어여쁜 일편단심의 꽃 무궁화!
길가마다 집 울타리마다 무궁화가 피어나기를 기원해 봅니다.

땡삐와 산딸기

1학기 말 고사는 보통 7월 초쯤입니다. 버스에서 내리는 학생들의 손에 책이 들려 있고 정보를 교환하면서 심각한 표정으로 시험에 나올 문제를 예상합니다.

오늘은 네 과목 시험이 있었습니다. 끝날 즈음 학생들의 표정에 희비가 엇갈립니다. 생각보다 국어를 잘 쳤다고 현철이는 희희낙락하였고, 모범생 귀윤이는 두 개나 틀렸다면서 짜증을 내었습니다. 병래는 지금까지 친 국어시험 중 제일 잘 치렀다면서 흐뭇한 표정을 짓고 있습니다. 상훈이는 기술 · 가정 과목에서 많이 틀렸다고 도우미 활동하면서도 걱정을 합니다.

시험 기간에 도우미 교사는 참 난감합니다. 학교에 도우미 할 일이 많은 데도 시키기 어렵습니다. 잡초라도 뽑을 것 같으면, “시험 못 보면 선생님 책임”이라며 엉뚱한 데다 화풀이를 합니다. ‘진작 좀 공부하지!’ 이런 말이 입에서 맴을 돕니다.

2학년 반장 상정이는 이번 주 도우미입니다. 상정이와 도우미 활동을 같이하면 교사인 저는 참 좋습니다. 말없이 궂은일을 척척 해치우고, 무슨 일이나 열심히 하기 때문입니다. 이런 면이 친구들 눈에는 영농후계자처럼 보였나 봅니다.

학생들이 부지런한 농부 같은 상정이에게 '오천마을 차기 이장님' 이란 별명을 지어주었습니다. 페튜니아 화분에 물을 주는 상정이에게 "시험 잘 봤니?"하고 물어보니, 대답은 않고 씨-익 사람 좋은 웃음을 한번 웃습니다.

도우미 활동을 끝내고, 봄에 심은 칸나가 붉은 꽃대를 올리는 화단 옆으로 난 길을 따라 걸어가면서 잠시 산책을 하였습니다. 마을 논과 경계를 이루는 측백나무 아래 '무슨 공' 이라는 커다란 비석이 세워진 무덤이 하나 있습니다. 탱자나무로 울타리로 둘러친 무덤을 지나다 무성한 수풀 사이 새빨갛게 잘 익은 산딸기를 발견하였습니다.

보물을 발견한 듯 기뻐 화분에 물을 주고 가는 상정이를 불렀습니다. 착한 상정이는 산딸기 좀 따달라는 철없는 선생님 부탁에 두말도 않고 성큼성큼 풀숲으로 들어가 제법 한 움큼이 넘는 빠알간 산딸기를 꺾어 주었습니다. 이것을 본 동급생 송희와 보람이, 미현이가 삐쭉삐쭉 입을 내밀었습니다.

"치! 선생님한테만 산딸기 꺾어주고…."

그 말에 '오천마을 차기 이장님' 은 다시 몇 가지의 산딸기를 꺾어 여학생들의 손에다 놓아줍니다. 착한 상정이를 꼬드겨서 얻은 산딸기를 손에 들고 교실로 들어가며, 3학년 여학생들에게 자랑을 했습니다.

3학년 여학생들이 "어머나! 산딸기다!" 하면서 우루루 몰려와서는 손에 있는 산딸기를 하나씩 따먹고는 도망가 버립니다. 겨우 몇 개를 남겨 가지고 교감 선생님께 산딸기 땄다고 자랑을 했습니다.

"이 선생, 그거 혹시 조 옆에 무덤인데서 딴 거 아인교?"

"어머나, 교감 선생님도 따 잡샀습니꺼? 우째 알아예?"

"하이고! 거기는 뱀도 나오고, 땡삐(말벌의 일종)도 있어서 큰일 나는 덴데. 우짤라꼬 거를 들어가갔꼬. 아아들이 들어가도 말리야 되는 데에! 쯧쯧!"

"작년에 거거서 동네 사람 한 명이 벌초하다가 땡삐한테 물리갔고 119에 실리갔다 아임니꺼!"

그것도 모르고 빨간 산딸기만 탐이 나서 상정이에게 따 달라고 했으니…. 하여간 뱀도 안 나오고 땡삐 집도 건드리지 않아서 다행인 날입니다. "휴!" 한숨을 내쉬었습니다.

교무실 책상 위에는 고운 한 가지의 산딸기가 놓여 있습니다. 투명한 알알이 붉은 열매 속에는 참 착한 아이 상정이의 마음이 함께 익어 있습니다. 상정이가 앞으로 어떤 삶을 살지는 모르지만, 지금의 그 성실함을 잃지 않으면 누구에게나 인정받을 것이라 믿어 의심치 않습니다. 한 알 따서 먹어보니 제법 시큼합니다. 모양보다는 맛이 덜합니다. 먹을 것 없이 씨만 큽니다. 그렇지만 제 마음은 그 어떤 맛난 과일을 먹었을 때보다 더 흐뭇한 것은 왜일까요.

먹구름 사이로
언뜻언뜻 보이는 푸른 하늘은

장마기간이어서 강마을은 온통 물냄새로 가득합니다. 흐린 하늘엔 무수한 잠자리가 날아오르고 주황색 원추리 꽃이 화단 기슭에 피어났습니다.

원추리는 제가 좋아하는 여름꽃 중의 하나입니다. 우리의 옛 여인들은 규방 가까이 원추리를 심었다고 합니다. 원추리는 여인의 꽃으로 봄철 연둣빛 새싹은 나물로 무쳐먹거나 된장국에 넣으면 맛있는 반찬이 됩니다. 그리고 여름철 주황과 노랑의 어여쁜 꽃이 피면 그 꽃을 따서 밥과 같이 지어 먹었다고 합니다. 그러면 밥 색깔이 노랗게 변해서 곱다고 합니다. 원추리는 우리말로 '근심을 풀어주는 꽃' 이란 뜻을 가지고 있다고 해서 많은 여인들의 사랑을 받은 꽃이다.

원추리는 한자로는 훤초萱草이다. 원추리에 관한 가장 오랜 기록은 〈시경, 백혜伯兮〉 편에 나온다. "어디서 훤초萱草를 얻어다 뒤곁에 심을까〔焉得諼草, 言樹之背〕"라고 했다. 여기 보이는 훤초萱草가 바로 원추리이다. '훤萱'은 잊는다는 뜻이다. 원추리의 다른 이름은 망우초忘憂草이다. 근심을 잊게 해 준대서 이런 이름이 붙었다. 《술이기述異記》라는 책에는 오吳 지역에서 이 꽃을 근심을 치료해 준다는 뜻으로 요수화療愁花라고 부른다고도 적혀 있다.

— 정민 《문화와 나》(2004. 여름호)

강마을 흐린 하늘 사이로 언뜻언뜻 푸른 하늘이 보입니다. 검은 구름 사이로 보이는 하늘빛이 더 곱고 푸릅니다. 저 푸른 하늘빛이 참 좋습니다.

제가 장마철 구름 사이로 보이는 하늘빛을 좋아하는 이유 중 하나는 '한용운'의 시 〈알 수 없어요〉 때문입니다. 한용운의 시는 모두 좋지만, 그중에서 여름철이면 꼭 이 시를 꺼내 중얼중얼 소리 내어 읽습니다. 고단하고 바쁜 제 일상 속에 언뜻언뜻 보이는 푸른 하늘빛 같은 제 꿈을 생각합니다.

장마철 제 마음처럼 되어주지 않는 일들이 쌓여서 지치고 힘들 때면 하늘을 봅니다. 그 하늘 사이로 언뜻언뜻 보이는 푸른 하늘 조각 하나에 힘을 내는 것입니다.

강마을은 장마기간이어서 하늘빛은 무겁고 이따금 비를 뿌릴 것 같습니다. 묵은 시집을 꺼내들었습니다. 일제강점기 끝이 없는 어둠 속에서 희망의 불씨를 가슴에 품고 꼿꼿하게 이 나라의 등불처럼 살아가셨던 한용운 선생님의 위대한 삶을 기억하면서 시를 읽습니다.

바람도 없는 공중에 수직垂直의 파문을 내며 고요히 떨어지는 오동잎은 누구의 발자취입니까?

지리한 장마 끝에 서풍에 몰려가는 무서운 검은 구름의 터진 틈으로, 언뜻언뜻 보이는 푸른 하늘은 누구의 얼굴입니까?

꽃도 없는 깊은 나무에 푸른 이끼를 거쳐서, 옛 탑搭 위에 고요한 하늘을 스치는 알 수 없는 향기는 누구의 입김입니까?

근원은 알지도 못할 곳에서 나서 돌부리를 울리고, 가늘게 흐르는 작은 시내는 굽이굽이 누구의 노래입니까?

연꽃 같은 발꿈치로 가이없는 바다를 밟고, 옥 같은 손으로 끝없는 하늘을 만지면서, 떨어지는 해를 곱게 단장하는 저녁놀은 누구의 시詩입니까?

타고 남은 재가 다시 기름이 됩니다. 그칠 줄을 모르고 타는 나의 가슴은 누구의 밤을 지키는 약한 등불입니까?

—한용운 〈알 수 없어요〉

반가운 손님 같은 자귀나무꽃

아침에 귀한 손님을 만났습니다. 분홍의 꽃을 매달고 선 자귀나무입니다.

여름이 시작된 남쪽 땅엔 거의 모심기가 끝나갑니다. 학교 근처의 논들도 수박하우스를 하는 곳을 빼고 찰랑찰랑 물이 넘치는 논에 모들이 싱그럽게 자라고 있습니다. 무논 옆산 언저리에는 어여쁜 여름 야생화 자귀나무꽃이 피었습니다.

자귀나무꽃이 피면 반갑습니다. 마치 분홍빛 공작새 깃털처럼 보슬보슬한 자귀나무꽃이 산언저리를 밝힙니다. 자귀나무는 '사랑나무', '합환목' 이라고도 불립니다. 공작깃처럼 고운 분홍빛 꽃도 예쁘지만 잎도 사랑스러운 나무입니다. 자귀나무의 잎은 밤이면 마주난 두 잎이 꼬옥 안고 자다, 아침이 되기 무섭게 내숭스럽게 떨어집니다. 그래서 자귀나무를 안마당에 심어놓으면 그 집 부부의 금슬이 좋다는 속설이 있다고 합니다.

내일이 단오이기도 해서 아이들에게 우리 야생화를 소개하려고 자귀나무에 대한 내용을 찾아 정리해 보았습니다.

붉은 실타래를 풀어놓은 듯한 꽃과 저녁마다 서로 맞붙어 잠을 자는 잎이 매우 인상적인 나무다. 한자로 합환목合歡木, 야합수夜合樹, 유정수有情樹 등으로 부르며, 이 나무를 집 앞에 심으면 가정이 화목해진다는 속설이 있어서 정원이나 길가에 흔히 심는다. 자귀나무는 아시아가 원산지로 콩과에 딸린 낙엽관목이다. 키는 5미터쯤까지 자라고 여름철에 우산 모양으로 한 덩어리를 이룬 화려한 꽃이 피었다가 10월에 콩깍지처럼 생긴 열매가 익는다. 자귀나무는 껍질을 합환피라 하여 민간과 한방에서 약으로 흔히 쓴다. 자귀나무 껍질은 요통, 타박상, 어혈, 골절통, 근골통 등을 치료하는 훌륭한 약재다. 봄이나 가을철에 껍질을 벗겨 흐르는 물에 5일쯤 담가 두었다가 약으로 쓴다. 물에 담그면 대개 약성이 약해지거나 순해지지만 자귀나무 껍질은 반대로 약성이 더 강해진다. 또 대개의 약초는 그늘에서 말려야 약성이 제대로 보존되지만 자귀나무는 햇볕에 말려야 약성이 살아난다. 자귀나무 껍질은 물에 달여 먹어도 좋고 가루 내어 먹어도 좋다. 가루 내어 먹으면 요통, 타박상 어혈, 기생충증 등에 치료 효과가 높다. 자귀나무는 약성이 순하고 독성이 없으므로 오래 꾸준히 복용해야 제대로 효과를 볼 수 있다. 자귀나무 껍질은 종기나 습진, 짓무른 데, 타박상 등 피부병이나 외과질병 치료에도 효력이 있다. "껍질을 부드럽게 가루 내어 참기름에 개어서 아픈 부위에 붙이면 신기하게 잘 낫는다. 상처가 곪아서 잘 낫지 않는 데에는 자귀나무 껍질 가루를 뿌린다. 자귀나무 꽃도 약으로 쓴다. 술에 담가서 먹을 수도 있고, 꽃잎을 말려 가루 내어 먹을 수도 있다. 자귀나무 꽃은 기관지염, 천식, 불면증, 임파선염, 폐렴 등의 치료에 효과가 훌륭하다. 말린 꽃을 먹을 때에는 물 한 되에 꽃잎 한줌(20그램)을 넣고 물이 반쯤 되게 달여서 그 물을 마신다. 술로 담글 때에는 자귀나무 꽃잎 분량의 3~4배쯤의 소주를 붓고 밀봉하여 어두운 곳에 3~6개월 두었다가 조금씩 따라 마신다. 자귀나무는 산중 수도자들이 즐겨 먹는 약이기도 하다. 정신을 맑게 하고 안정시키는 효과가 있다. 자귀나무 껍질은 흐르는 물에 5일쯤 담가 두었다가 햇볕에 말려 가루 낸 것을 한번에 밥숟갈로 하나씩 하루 세 번 밥 먹고 나서 먹는다. 오래 복용하면 몸이 나는 듯이 가벼워지고 다리가 무쇠처럼 튼튼해지며 오랫동안 달려도 지치지 않는다. 독성이 없는 약이어서 아무리 오래 먹어도 탈이 나지 않는다. 자귀나무 잎을 태워 고약을 만들면 골절 치료에도 효과가 있다. 뼈가 부러지거나 다쳤을 때 자귀나무 잎을 태운 재에 들기름이나 참기름을 섞어 고약을 만들어 붙이면 통증도 없이 신통하게 잘 낫는다. 나무나 껍질, 뿌리를 태워서 술에 타서 먹으면 골절, 어혈, 타박상 등에 효과가 크다. 자귀나무 잎을 차로 달여 마시기도 하는데 늘 먹으면 부부 사이의 금실이 좋아져서 이혼을 하지 않는다는 얘기가 있다. 그런 까닭에 이 나무를 애정목愛情木이라 부르기도 한다.

—한국토종약초연구소 회장 최진규

자귀나무는 도시에서 조경목으로 많이 쓰입니다. 얼마 전 아파트 한 켠에 있는 자귀나무꽃을 보신 친정어머니께서 이런 말씀을 하셨습니다.

"어릴 적에 소 먹이러 가선 저 소쌀밥나무 아래에서 동무들하고 참 많이 놀았는데…."

소가 잘 먹는다고 소쌀밥나무라 불렀다면서 먼지 내음 가득한 도시에서 반가운 옛 친구를 만난 듯 마냥 즐거워하셨습니다.

월요일 아침, 신혼여행 길에서 돌아오는 새색시같이 귓가 붉어진 자귀나무꽃의 달콤한 향기를 맡으며 한 주를 즐겁게 시작합니다.

눅눅한 바람 사이로 비 냄새가 납니다

비가 오려나 봅니다. 오후엔 온몸이 저려오고 눅눅한 바람이 불어옵니다. 더운 기운과 습기가 겹치니 불쾌지수가 높아졌나 봅니다.

점심을 먹고 잠시 쉬려고 하는 찰나, 반장 경건이가 뛰어옵니다. 싸움이 났다고요. 정신없이 한달음에 이층 교실로 달려가니, 아이 둘이 벌겋게 얼굴을 붉히고 있습니다. 그 사이로 온 반 아이들이 빙 둘러서서 상황을 그대로 재연을 하여 보여줍니다.

왜 싸웠는지 알아보니, 한 아이가 칠판에 누구 마음속에 어떤 여자아이 누구가 있다. 이런 내용을 썼다고 합니다.(웃기게 영어로 썼다나요. in 어쩌구 하면서) 그래서 그것을 보고 화가 나서 분필로 썬 내용을 막 지웠다고 합니다. 그 와중에 옆에서 참견을 하면서 뭐라고들 하니 녀석은 속이 상해 눈물을 뚝뚝 흘리고.

칠판에 글을 써서 사태를 이렇게 만든 녀석에게 야단을 치니, 자기만 야단친다고 눈을 흘기고 울려고 합니다.

화가 나서 야단을 치고 있는데, 갑자기 누가 막 소리치며 웁니다. 특수반에 있는 친구입니다. 선생님이 고함을 지르니, 무섭다고 울어버립니다. 그래서 아이에게 친구들이 싸워서 선생님이 화가 났다고 이야기를 하고 울지 말라고 했습니다. 선생님도 화를 낼 수 있다고요. 그랬더니 눈물이 글썽글썽하더니 고개를 끄덕끄덕합니다.

퇴근 시간이 되어도 더위와 축축한 바람은 계속됩니다. 아마 이 바람 사이에 비가 숨어 있나봅니다. 그 바람을 헤집고 비가 오려나 봅니다. 종례 시간에 걱정을 하며 야단친 아이를 보니 얼굴이 조금 풀려 있습니다. 한 녀석은 뭐가 좋은지 히히 하고 웃고 있습니다. 안심이 됩니다.

아이들 모습이 꽃 같습니다. 모두가 조금씩 차이는 있지만 함께 공부하는 우리 교실에서 서로를 알아가고, 도와주고, 때로는 싸우며 자라겠지요. 이 아이들이 세상에 나갈 때쯤에는 친구를 많이 이해하게 될 것입니다.

비가 섞인 바람 사이에 비릿한 밤꽃 냄새가 나기 시작합니다. 해가 많이 길어졌습니다. 여름이 성큼 다가선 강마을에서 저는 오늘 많은 생각을 하며 하루를 마무리합니다.

밤꽃 내음이 무성합니다

비릿한 내음이 바람을 타고 2층 교실과 운동장을 휘젓고 다닙니다. 멀리 모심기가 한창인 논이 보입니다. 요즘에야 모심기는 큰일이 아닙니다. 모판을 떼어 내어 논둑에 두면 기계로 금방 해치우기 때문이죠. 저도 그렇게 알았습니다. 그런데 그게 아니더군요. 기계 모심기가 끝나면 군데군데 빠진 곳에 손으로 빠진 부분을 메워 주어야 하고 논 주위도 골라 주어야 하니까요. 이것도 힘든 일이었습니다.

시댁 어르신들은 모두 칠십과 팔십의 노인입니다. 그 연세에 여덟 마지기의 농사를 손수 지으십니다. 물론 작은 밭에 채소도 길러서 팔기도 하고요. 잠시도 쉬지 않고 몸을 움직이시는 시어머니는 걸음걸이가 저보다 빠릅니다. 밥도 빨리 먹고, 밭을 오르는 발걸음도 아주 가뿐하십니다. 밤이 되면 끙끙 허리가 아파서 앓으시는 소리가 들립니다. 그래도 첫새벽에 일어나 밭엘 다녀오십니다.

남녘의 밤꽃은 오월 말에 피기 시작하여 유월이 되면 절정을 이룹니다. 흰 물감을 뿜어 놓은 듯 산허리가 하얗게 뭉게뭉게 피어오르는 날은 코끝에 땀방울이 맺히고, 개구리 울음이 들리는 초여름이 다가서 있습니다. 이때쯤 되면 감자를 캐기도 하고, 봄에 심은 고추 모종에서 첫물 고추가 열립니다. 고구마순은 밭에 무성해집니다. 새까만 오디 열매가 바람결에 우수수 떨어져서 산새들이 모여듭니다.

이때쯤 마늘 수확과 양파 수확이 경남 창녕 들에 한창입니다. 지난주에 마늘 수확을 거들었습니다. 올해는 실하게 마늘이 여물었습니다. 봄비가 잦아서 토실하게 잘 여문 마늘을 뽑아내고 흙을 털고 다발로 묶어 경운기에 싣고 오면 긴 장대에 걸쳐 놓고 마늘을 말립니다.

마늘을 뽑았습니다. 저는 오전에 뽑고 점심 준비를 하였기 때문에 힘이 덜 들었습니다만, 장정들은 온통 흙투성이가 되어 나타났습니다. 송장도 일어나 일을 거든다는 농사철입니다. 하지만 일손이 모자라 도시에 있는 아들, 며느리가 와서 돕지 않으면 그 일을 누가 할지 참 걱정스럽습니다. 두 노인네는 일을 하면서도 아들과 며느리, 손자들이 거드는 것이 좋으신가 봅니다. 흐뭇한 웃음이 흐릅니다. 맛난 점심상을 두고는 웃음꽃이 피었습니다. 농사가 많지 않은 탓에 오후엔 잠시 다디단 낮잠도 잤고요.

땅은 정직합니다. 저 역시 그 말에 공감합니다. 수고로움이 없이는 수확의 기쁨을 맛볼 수 없는 것이지요. 정직한 삶은 바로 이런 것이 아닐까요. 자연과 같은 삶, 자연에 닮아가는 삶, 자연스러운 삶!

밤꽃 내음은 교무실 창가에 매달려 있습니다. 밤나무는 과실나무 중 가장 늦게 꽃 피우고 가장 먼저 수확을 하는 나무입니다. 유월에 흰 먼지털이 같은, 농악대 상쇠의 부포상모 수술 같은 꽃이 지면 이내 추석 즈음 햇밤이 나올 것입니다. 꽃 피고 열매 맺는 기간이 참 짧습니다. 착한 나무입니다. 제 삶도 이렇게 자연처럼 착하고 성실하기를 빌어보는 날입니다.

즐거운 조리 실습 이야기

등굣길에 보니 1학년 학생들이 뭔가를 희희낙락거리며 들고 오고 있습니다. 신이 난 표정으로 저희끼리 뭐라고 확인하는 것을 보니 아마 조리 실습에 쓰이는 것인가 봅니다. 기술 · 가정 담당 선생님의 말씀으로는 실습 주제가 '달걀을 이용한 창의적인 요리' 라고 합니다. 기본 실습 외 저희끼리 창의적인 요리도 만들어 본다면서 아이들의 기대가 대단하다고 전합니다.

이층 기술 · 가정실에서 오후 내내 무엇인가를 만드는 냄새가 온 학교를 휘감고 있습니다. 수업하러 가는 길에 슬쩍 보니, 앞치마에 머릿수건을 한 학생들의 진지한 표정은 전문요리사보다 더합니다. 실습에 참여하지 않은 2학년과 3학년 남학생 몇 명은 쉬는 시간마다 앞을 얼쩡거리며 나중에 좀 달라는 눈짓을 1학년 동생에게 보냅니다.

꽤 요란하고 시끄러운 몇 시간의 실습이 끝나고 평가 시간이 되자, 선생님들 앞에 자신들이 만든 요리접시를 들고 왔습니다. '재들이 만든 걸 과연 먹을 수 있을까' 이런 생각이 스쳐 지나갑니다. 자신들이 만든 음식을 자랑스럽게 차려놓고 선생님들께 평가를 해 달라고 합니다. 선생님들은 모두 환하게 웃으며 하나씩 입에 넣지만 표정은 천차만별입니다.

지난해 조리 실습은 '타래과'를 만들었는데 소금이 안 들어간 것부터 소금이 너무 많이 들어간 짭짤한 과자까지 다양하였습니다. 수박화채는 더 다양한 요리가 나왔습니다. 사이다부터 모든 청량음료를 다 넣어 희한한 맛의 퓨전 화채는 아이들의 모습처럼 발랄하고 귀여웠습니다.

계란 샌드위치, 계란 볶음밥, 계란 튀김까지 계란을 주제로 한 재미있는 여러 가지 음식이 나왔습니다. 간이 조금 싱거운 것부터, 제법 짠 것까지 다양했지만 선생님 모두 맛있다고 칭찬하면서 열심히 드셨습니다. 앞에 놓인 수박 한 조각을 먹으니 끝 맛이 약간 짭짤했습니다. '이 녀석들, 손은 잘 씻었겠지?' 나영이는 생글생글 웃으며 어느 조가 한 것이 제일 맛나냐고 물어봅니다. 선생님들의 의견이 실습점수에 포함된다고 합니다. 3조가 가장 맛있다고 담당선생님께 이야기해달라고 하며 파릇파릇 오이 내음 같은 웃음을 날립니다. 그 웃음을 바라보는 제 마음에도 오이소박이처럼 풋내 가득합니다.

어떻게 저 아이들이 만든 음식이 맛이 없을 수 있겠습니까? 세상에서 가장 맛난 음식은 사랑하는 이를 위해 만든 음식이라고 했습니다. 우리 제자들이 서툰 칼질로, 싱거운 간으로 만들어도 사랑에 빠진 시골 선생인 저에겐 세상에서 제일 맛난 요리가 될 수밖에 없습니다.

그리운 것들

아침 안개가 강마을을 휘감고 있다. 공부하는 교실까지 트랙터 요란한 기계음이 들려온다. 본격적인 농사철인가 보다. 2층 교실에서 보면 물 잡은 논에 트랙터가 논을 갈고 있는 것이 보인다. 예전에는 농사철이면 농군들의 힘을 돋우기 위해 풍물을 치기하고, 구성진 모심기 노래가 들려오기도 해서 왁자한 즐거움이 있었다. 모심기철이면 못줄 잡는 아이부터 모를 지게에 지고 나르는 어른들이며 새참을 준비하는 아낙까지 모두가 잔칫집처럼 부산하였다.

지금 농촌은 손으로 직접 심는 모심기 풍경은 거의 볼 수 없다. 모판에 볍씨를 뿌려 키운 모판의 모를 기계로 심는다. 이앙기(모심기 기계)가 지나가면 모판 위에 긴장된 얼굴로 잔디처럼 보이는 어린모가 줄을 맞추어 송송 심어진다. 군데군데 빠진 곳만 손으로 정리하면 되니, 옛날처럼 새참을 내가느라 도시 며느리가 와서 눈이 빨개지도록 바람을 불어가며 가마솥에 밥을 할 일도 없어졌다. 이

앙기가 없는 집은 모판을 논 근처에 가져다 두면 젊은 농군들이 얼마를 받고 기계로 모심기를 해 준다.

초임시절 우리 학교 앞 도로는 포장이 되어 있지 않았다. 어린모 같은 여선생인 나는 구두에 흠집이라도 날까봐 조심조심 비포장을 걸어 자취집에서 학교로 출근을 하곤 했다. 비가 오면 참으로 난감했었다. 두툼하게 구두에 뭉친 진흙을 학교에 와서 꼬챙이로 긁어내어야 했다. 그런 날은 빗소리에 맞추어 교실까지 청개구리가 자주 뛰었다. 남학생들이 손을 들어 질문 있다고 불러서는 내 손에 놓아주던 초록색의 앙증맞은 청개구리가 아직도 눈에 선하다. 와르르 꽃비처럼 쏟아지는 웃음들. 그 싱그러운 장난이 문득 그립다. 이 장난질이 멎고 수업을 시작하면 논갈이하며 누렁소를 부리던 농부의 목소리가 들였다.

"이려… 이려… 자라 자라… 워…"

"이눔의 소야, 저리 가잔 말이다."

"이려… 이려… 자라 자라… 워…"

또다시 쏟아지는 꽃비, 그 소리를 따라 아이들도 선생도 어린모들도 함께 자랐다.

예전에는 학교보다 농사일을 더 중하게 여긴 부모님이 많았다. 농사일이 바쁘다면서 결석을 하는 학생이 나오기 시작하면, 시골학교의 농번기 휴가가 시작되었다. 농사라곤 모르는 어린 여선생도 학생들과 함께 일손 돕기를 하러간 적이 있었다. 옷을 둥둥 허벅지까지 걷고 서너 개의 모(지금처럼 모판에 심어진 모가 아니다. 논에 심어서 제법 잔파 정도 굵기로 자란 모－이것을 기계와 구별하여 손모하고 한다.)를 손으로 집어서 진흙이 미끄덩거리는 논에 폭폭

꽂는 것이다. 못줄에 맞추어 자기 앞에 있는 공간을 채워나가야 한다. 논엔 거머리가 참 많았다. 다리에 붙은 새까만 거머리를 떼어내면 핏자국이 선명했다. 여학생들은 거머리가 붙으면 울고불고 난리를 쳤다. 그러면 남학생들이 어른스럽게 손으로 거머리를 떼어주곤 했다. 흙투성이가 된 학생들과 논에 앉아 먹던 도시락이며, 논주인 어른께서 주시던 미숫가루 새참은 참 달았다.

그때 거머리에 물려 울던 소녀는 이제 한 아이의 엄마가 되어 모심기철이 되면 거머리를 떼어주던 소년과의 추억을 생각할지도 모르겠다.

멀리 강변에 은사시나무가 바람결에 푸른 잎을 찰랑거리면 가슴 한 곳에 그리움이 번진다. 등굣길에 금방 삶은 따뜻한 옥수수를 수줍게 내밀던 태부 골짜기에 살던 그 아이가.

귀신 이야기

교무실 앞산이 비안개 속에 흐릿하게 보인다. 멀리 강변에는 쏟아지는 빗속에 은사시나무가 기세 좋게 서 있다. 강마을이 새벽부터 내린 비로 온통 젖어 있다. 가뭄 끝에 오는 단비라 빗소리마저 상쾌하다고 이야기하며 학교에 왔다. 그런데 점심시간이 지나도 계속 쏟아진다. 아무래도 심상찮아 보여 날씨를 알아보니 남부지방에 '호우주의보' 가 내렸단다. 많은 곳은 150㎜ 이상이 내릴 것이란다. 세상이 아무리 기계문명이 발달해도 하늘이 도와주지 않으면 우리네 살림살이는 팍팍한 것이 당연지사이다. 이 정도에서 그치면 딱 좋을 것 같은데.

비가 쏟아지니 교실이 약간 컴컴하다. 형광등을 켜도 별로 밝은 것 같지 않은데 천둥소리까지 우루루 들린다. 이 분위기에 맞추어 아이들이 귀신이야기를 해달라고 조른다. 진도 나가야 한다고 우기자, 문석이는 분위기 잡아야 한다고 쪼르르 달려가서 커튼을 치고 불까지 끈다. 괜히 으스스한 분위기를 조성하고 눈빛이 초롱해 진다. 수업시간 내내 조는 것이 특기인 아이마저 솔깃한 표정으로 앉아 있다. 이럴 때 진도 나갔다가는 수업도 제대로 안될 것 같다. 결국 마음 약한 선생은 아이들에게 지고 말았다. 내가 알고 있는 귀신 이야기가 뭐 색다른 것이 없음에도 열심히 분위기를 맞출 수밖에 없는 상황이다.

이야기 1 — 오사카 귀신 이야기

옛날에 일본의 오사카에 여자 형제 둘이 살고 있었는데, 한 남자를 같이 좋아했단다. 그런데 이 남자는 언니를 사랑해서 둘은 연인이 되었단다. 이것을 질투하던 여동생은 언니를 바닷가로 유인해서 죽이고는 머리를 바닷가에 버리고 몸은 땅속에 파묻었다. 그러고 나서 언니가 다른 사랑을 찾아 떠났다고 남자에게 말하고 자기가 대신 언니의 자리를 차지했단다. 그런데 이웃 도시에 이상한 일이 일어났다고 뉴스가 나왔단다. 목만 있는 얼굴이 어떤 어부의 그물에 걸렸는데, 말을 한다고….

"오사카, 오사카…."

이 이야기를 들은 동생은 뭔가 미심쩍은 데가 있어서 이웃도시로 목만 있는 얼굴을 보러갔단다. 자기 언니가 분명했다. 설마 자기를 알아보랴 하고는 시치미를 떼고는 물었단다.

"당신은 어디서 왔어요?"

"오사카, 오사카…."

'그러면 그렇지 죽은 자가 무슨 말을 해!' 하고는 지나가는 말로 물어보았습니다.

"당신을 죽인 사람은 누군가요?"

여기까지 학생들에게 이야기하자 모두 천둥소리와 비 오는 분위기 속에 잠시 침묵하고 있었다. 이때 제일 겁 많은 수진이에게 다가서며

"바로 당신"

이렇게 소리치자 수진이는 비명을 질렀고, 수진이의 비명 소리에 더 놀란 아이들은 연달아 고함을 질렀다. 그러고는 수진에게 온갖 눈치를 다 준다. 별것도 아닌 이야기에 놀랐다면서. 공부하기 싫은 학생들의 성화에 또 하나 이야기를 할 수밖에 없었다. 참내.

이야기 2 — '따시나' 귀신 이야기

옛날 어느 여관의 7호실에 투숙한 사람은 다음 날 아침 죽어나가는 것이었어. 그래서 강력계 형사 두 사람이 그 방에서 잠을 자면서 알아보기로 했어. 12시 시계가 '땡땡…' 치기 시작하자, 어디서 이상한 소리가 들리기 시작했어.

"따시나"

"따시나"

두 사람은 너무 너무 무서웠지만, 그래도 강력계 형사인데. 어디서 소리가 나는지 찾기 시작했단다. 그 소리는 벽장 속에서 들려오고 있었어. 벽장문을 열자 무엇인가 하얀 물체가 보였단다.

여기까지 이야기하자. 학생들의 눈빛이 반짝반짝해졌다.

하얀 것은 바로 이불이었단다. 이불 속에서 소리가 계속해서 들려왔단다. 그래서 이불을 찢자 그 속에 피 묻은 솜이 나왔단다. 그 이불의 출처를 알아보니 어떤 사람이 돈을 목적으로 결혼해서는 첫날밤에 아내를 죽이고 시체를 다른 곳에 묻었어. 그래서 한 맺힌 귀신은 저승에도 못 가고 밤이면 밤마다 나타나서는 자기 피가 묻은 이불을 덮고 자니 따뜻하냐(따시나는 경상도 사투리임)고 묻고 있는 것이란다.

"에이"

뭔가 전설의 고향처럼 재미있는 이야기를 기대했던 학생들의 눈에 실망이 어린다.

'치! 내가 뭐 소설가냐?'

'그냥 보통의 선생님인데….'

비 오는 날, 강마을 아이들은 커튼 치고 분위기 잡아가며 귀신 이야기를 해달라고 조르고 있다. 꼭 옛날 내 중학교 시절처럼.

니가 내 대사 하모 우짜노?

수능 치는 날이 가까이 다가와서인지 날씨가 꽤 쌀쌀하다. 강마을 아이들은 아침부터 분장 준비, 의상 갈아입기 등으로 혼을 빼듯 바쁘다. 작은 축제 '금산제' 를 하는 날이기 때문이다.

각종 화환과 국화 화분으로 장식한 강당에는 전시 종목이 보기 좋게 진열이 되어 있고, 복도에는 시화작품이 전시되어 있다. 학교 뒤쪽에 마련된 대형 솥에서는 돼지고기 삶은 냄새가 구수하게 풍기며 익어간다. 학부모님들께서 오늘 먹을 김치며 떡국 고명을 만들기 위해 어제 '신기 마을' 에 모였다면서 밝은 웃음을 날리신다.

준수 어머니는 준수가 자면서 잠꼬대를 해서 깜짝 놀랐다고 말씀하신다. 갑자기 옆방에서 뭐라 고함 지르는 소리가 들려서 가보니 자면서도 연극 연습을 하더라며 은근히 아들 자랑을 하신다.

사회를 맡은 준희는 집에 있는 남자 한복이 맞지 않아 옆집 아저씨 옷을 빌렸다고 한다. 연극과 각설이에 출연할 학생들의 분장을 하기 위해 도서실로 불렀다. 각설이를 맡은 아이들을 검게 칠해 지저분한 거지로 만들었다.

영어 연극은 동물 분장을 해야 한다. 거북이를 맡은 현옥이는 예쁘지 않다고 하면서 지워서 담당 선생님께 야단을 맞았다.

"이건, 화장이 아니고 분장이야!"

그래도 무조건 예쁘게 해달라고 떼를 쓰는 현옥이 모습이 귀엽다. 여자의 변신은 무죄라나! 할아버지 역을 맡은 상수는 수염을 길게 달았다. 미장원에서 얻어온 머리카락을 속눈썹 풀로 붙였다. 머리도 하얗게 칠하니 제법 할아버지 같다. 독립 운동가 백산 안희제 역을 맡은 재문이는 수염 때문에 대사를 잘 못하겠다고 항의를 한다. 시장판 같은 도서실 분장도 거의 끝나고 발표회를 시작하였다.

인아와 준희의 사회로 막을 열고, 1학년 민정이가 시 낭송을 하였다. 연습하는 내내 떨린다고 우는 상을 하더니 의외로 침착하게 한다. 역시 무대체질인가? 춤꾼 성재와 친구들의 힙합 댄싱에 이어지는 하나의 독창, 1학년 남학생들의 각설이 타령으로 진행되었다. 태권도 시범, 단소 합주, 영어 역할극, 독주와 중주 등이 공연되었다. 드디어 연극 순서이다.

우리 고장의 독립 운동가 백산 안희제 선생의 일대기를 연극으로 올렸다. 어린 백산 역을 맡은 보령이는 손목이 아파 붕대를 감고 연기를 하고 있다. 백산 선생이 독립운동을 하는 과정에서 일본군과 대결하는 장면이 있다. 그런데 독립투사 역 동훈이가 자기 대사를 까먹고 엉뚱하게 상대역인 일본 형사 정호 대사를 한 것이다. 그러자 할 말이 없어진 정호는 연극 도중에 화가 나서 이렇게 소리쳤다.

"니가 내 대사 하모 우짜노?"

이 말에 강당은 그만 웃음바다가 되었다.

최선을 다한 학생들은 많은 박수를 받았다. 마지막을 장식하는 풍물반의 사물놀이 장단에 흥겨움이 넘쳐난다.

점심은 참석한 내빈과 학부모, 학생까지 모두 떡국에 돼지고기 수육이 나왔다. 칼칼한 생김치에 돼지고기를 싸서 먹었다. 과일과 떡도 나왔다. 배불리 먹은 학생들은 운동장에 모여 체육대회를 하였다. 전교생을 두 팀으로 나누어 축구, 배구, 피구 등을 하였다. 분장이 덜 지워진 얼굴로 운동장을 달리는 아이들 얼굴에 밝은 웃음이 퍼져 나온다.

강마을 중학교의 작은 축제는 이렇게 저물어 간다.

■ 평설

이선애의 수필세계

—식물성의 푸른 서정과 열림의 견고한 자화상

권대근

(문학평론가, 대신대학원대학교 교수)

■ 평설

이선애의 수필세계

—식물성의 푸른 서정과 열림의 견고한 자화상

권대근

(문학평론가, 대신대학원대학교 교수)

I. 로그인

이선애는 강마을 작가로 불린다. 그녀가 그려내는 서정수필의 출발점은 강마을에 있다. 그러니 제목을 〈강마을 편지〉라 해도 무리가 없다. 수필은 글로 그리는 그림이다. 교실 창 너머 보이는 푸른 봄 햇살과 풀들의 싱그러운 모습을 자신의 세계관과 상관화시켜 시골학교 국어교사로서 느끼는 바를 서정 어린 그림으로 펼쳐 보이는 것이 바로 이선애 수필의 특징이다. 한마디로 그녀의 수필은 자연과 같은 삶, 자연에 닮아가는 삶, 자연스러운 삶에 대한 흔적 남기기다. 문학의 존재 가치는 삶의 흔적이고, 작가의 체온이 흔적으로 서려 있을 때 가치를 발한다. 그런데 이런 측면에서 보면 이 수필집은 한 개인의 역사서요, 수필은 추억의 보고다. 잊고 있었던 과거에 대한 그리움의 표백이다. 모든 문학이 궁극적으로 추구하는 것이 그러하듯 문학은 끊임없는 깨달음을 이루어 가고, 감춰진 사실들을 밝혀내는 일이며, 그를 수용하는 과정이다. 바람이 스치면 물결이 일렁이듯 인간도 어떤 사물을 접할 때, 감정이 인다. 여기에 자기를 묻는다는 것, 어떤 사물에 취하는 것, 그것으로부터의 결과가 바로 수필집이다.

수필집을 묶어내는 것은 또 하나의 자기를 만나는 작업이다. 이선애는 누구보다도 감성이 풍부한 수필가다. 가슴에 엽서를 담고 있는 사람이다. 그녀의 작품이 갖는 서정성은 그 자체로서 흥건한 정을 자아내게 한다. 유네스코 우수잡지 계간 에세이문예 출신들로 이루어진 한국본격수필가협회 남부지부 지부장으로서 소임을 충실히 다할 뿐만 아니라 작가로서 끊임없이 독서에 열중하고, 좋은 작가가 되기 위한 인문학적 소양도 풍부하게 쌓는 등 지성성의 측면도 나무랄 데가 없다. 세계화의 물결 속에 우리의 주변은 많이 변했다. 인간은 망각의 동물이라 흔적이나 물증을 남겨 두지 않으면 과거의 기억을 쉽게 떠올릴 수 없다. 그 과거의 일을 증언해 줄 수 있는 사람마저 사라지고 나면, 문자가 있는 한 그 시절의 이야기는 글로 남을 수밖에 없다. 삶의 모퉁이를 돌아서면 그때마다 생각하지 않았던 일을 만나게 되고, 그것을 통해 살아 있음을 확인하게 된다. 그래서 이선애는 자신이 몸담고 있는 강마을 시골학교에서 푸른 서정을 만나며 그 흔적을 남기려 수필집을 낸다. 긍정의 세계관으로 희망이란 꽃을 키우고 있는 강마을 그녀의 삶터 속으로 들어가 보자.

Ⅱ. 순리의 삶과 강마을 서정

이선애의 수필집 《강마을 편지》에는 저자가 강마을 삶터 모퉁이를 돌면서 얻은 비움의 사유가 도발적인 봄꽃처럼 피어나고 있다. 그녀는 꿈의 씨앗이기도 한 시골 '아이들'을 아스라이 바라보기만 해도 가슴이 두근거리는 순수한 여인이다. 그녀는 아이들을 가르치며 문학의 '길'을 나선 사람이다. 그녀의 작품에서 주축이 되는 그림자 형상은 '강마을'이다. 이선애의 수필 속에서 무시로 발견되는 '강마을'은 이선애 수필을 이해하는 데 있어서 단초가 되는 핵심 아이콘이라 할 수 있다. '강마을'은 원시적 자연의 서정을 품고 있는 순수의 본향을 의미한다. 자연과 같은 삶을 뜻하는 말로 쓰이기도 한다. 이선애에게 있어서 '강마을'은 작가가 직접 〈꿈의 씨앗〉이란 수필에서 표현했듯이, 아이들이 행복한 세상으로, 열려진 '창'을 의미한다. 그녀의 찬란한 비상을 꿈꾸는 시선은 높은 하늘에서 떨어질 줄 모른다. '봄'은 '보는 계절'이라 의미화하고 푸른 하늘 빛 같은 자신의 꿈을 꾼다. 작가가 마음 속에 그리고 있는 그 '강마을'은 평일에는 자신이 근무하고 있는 학교가 위치는 '시골마을'이고, 주말이나 방학이 되면 '고향'으로 구체화된다.

작가는 농촌 풍경을 그리워하는 사람이다. 자연이라는 공간적 배경에 익숙한 이선애에게 '자성'은 사색으로부터 얻어낼 수 있는 좋은 재료였다. 그녀는 '물푸레 나무 같은', '국화차를 만들며', '꿈의 씨앗', '자작나무 편지', '열매', '봄눈', '오리나무와 찔레꽃', '여름화단에서', '인동꽃을 닮은 아이', '고들빼기를 캐며', '도발적인 봄꽃', '가을 들판에서', '가을이 깊어져 있습니다', '낙엽끼리 모여 산다', '익모초가 피었습니다', '아, 무궁화', '땡삐와 산딸기', '먹구름 사이로 언뜻언뜻 보이는 푸른 하늘은', '반가운 손님 같은 자귀나무꽃', '눅눅한 바람 사이로 비 냄새가 납니다', '밤꽃 냄새가 무성합니다' 등의 제목에서 보듯 글의 제재가 거의 '강마을'에서 보고 느낀 자연물과 상관화된 것들이다. '강마을'은 그녀에게 사색의 시공으로 연결된 문학의 터전이요, 꿈의 삶터다. 이선애는 자연이 부르면 언제든지 달려갈 준비를 하고 있는 여인이다. 왜냐하면 그녀는 풀향기에서 생명의 피솟음을 느끼기 때문이다. 씨앗에서 풀로, 풀에서 꽃으로, 꽃에서 나무로, 흙에서 하늘로, 시선을 넓혀가며 아이들을 위해 기도하는 모습은 성스럽기조차 하다. 자연과 아이들에게서 순수를 배우고, 푸른 서정을 호흡하며 살았던 강마을의 흔적들을 더듬으며 그녀는 최선을 다해 하루를 산다. 그리고 자연에 삶의 지혜를 묻는다. 자연 속 제물상에서 '인내'를 만나고 삶의 섭리를 발견하길 좋아한다. 이처럼 이선애의 수필에서 자연친화적인 서정을 노래한 작품이 상당수를 차지한다.

이런 이유로 그녀는 누가 뭐래도 '강마을 작가'다. 인간은 결국 대자연이란 문학의 온상만은 끝내 일탈할 수 없었음을 이 수필집은 보여준다고 하겠다. 생의 참된 의미나 조화의 과정을 여유있게 관조하고 수필의 문학성을 확보하는 데 구체적인 자연물 그 이상의 제재는 다시 없다. 삶의 근원이며, 인간이 마지막으로 귀착해야 할 영원한 요람으로서 자연은 이선애에게 토포필리아적 세계관을 상징하는 메타포로 작용하고 있다. 인간은 자연을 모태로 해서 생명활동이 시작되고 마감되는 것이며, 자연의 질서가 삶의 질서라는 것을 수필을 통해서 깨닫는다고 볼 때, 이선애에게 자연물은 순리의 삶을 가르치는 스승인 셈이다. 선명한 지향점을 향해 나름의 운행을 하는 것이 자연이다. 이선애 수필의 가치는 자연 안에서 조화의 소중함을 찾아낼 뿐만 아니라 삶의 모범이 되는 실천덕목을 발견하는 데서 빛난다. 자연의 메시지는 절대자가 불완전한 인간을 향해 전하는 메시지라 할 수 있다. 이선애의 시선과 사유가 푸른 서정의 경계를 넘어 자연의 숨소리와 그 맥박, 그 의도를 점철해가는 발견과 깨달음으로 확산되고 있음은 수필의 가치를 드높이는 일로 매우 바람직한 현상이 아닐 수 없다.

> 꽃처럼 피어나는 아이들을 보면서 우리 아이들의 삶이 행복하기를 그리고 그 행복을 지키는 작은 등불이 교사가 아닐까 하고 생각합니다. 가슴속에 품은 꿈의 씨앗이 상처받지 않도록, 교사인 나만 행복한 것이 아니라, 학생이 행복한 세상을 위해 아이들이 가지고 싶은 것을 알도록 노력해야겠습니다. 세상이 변하고 있는데, 교사들의 의식이 제자리에 머무르고 있는 것 같아 때로 안타깝습니다. 여기 시골 강마을에서 자라는 꿈나무의 씨앗이 전국을 푸르게 녹화할 날을 꿈꿔봅니다.
>
> —〈꿈의 씨앗〉 중에서

수필은 자기 존재를 스스로의 눈으로 응시하기 위한 하나의 수단이 된다. 이선애 수필의 발단은 거의 모든 글에서 공통적으로 나타나는 바와 같이, 자연 풍경에서 출발해서 결말은 자기성찰로 마무리되는 특성을 갖는다. 위에서 인용한 수필 〈꿈의 씨앗〉도 마찬가지다. 발단부 첫 문장이 "제가 근무하고 있는 시골 중학교의 아침은 안개로 무성합니다. 어제저녁에 비가 내린 모양입니다. 교문 앞이 촉촉하게 젖어 있습니다. 비가 내리니 떨어진 낙엽도 젖어 있습니다."란 풍경 묘사로 되어 있다. 수필은 원래 '자기반성'을 통해 진실 추구로 나아갈 때, 가장 효과적이다. 작가는 이 수필에서 아이들의 성장을 꽃이 피어나는 데 비유하고, 교사로서의 사명이 아이들의 행복을 책임지는 데 있다는 것을 말하고 있다. 작가가 '세상은 변하고 있는데, 교사들의 의식이 제자리에 머물고 있는 것'을 안타깝게 여긴다는 것은 그녀가 그동안 독서를 통해서 또는 인문학적 교양을 통해서 마음공부를 단단히 했다는 것을 의미한다. 중심주의에서 벗어나 주변부에 시선을 놓는 방법으로 타자-되기를 지향하는 그녀의 성숙한 작가의식은 자연에서 모성성을 발견한 까닭이라 하겠다. 무엇보다도 중요한 것은' 시골 강마을에서 자라는 씨앗이 전국을 푸르게 녹화할 날을 작가가 꿈꾼다는 것이다. 워드워즈에 따르면, 작가는 인류의 교사여야 한다. 눈앞에 보이는 문제만 해결할 것이 아니라 '타자-되기가 교육의 열쇠다'라는 신념을 기반으로 해서 작가는 자신의 교육적 사상이 전국적으로 확산되기를 바란다. 이는 그녀가 범상치 않은 교육자적 자질을 가졌다는 걸 의미한다. 이런 교육적 마인드는 '강마을'이라는 자연 환경이 큰 역할을 한 것으로 보인다.

> 이제 점점 더 푸른 산과 들이 우리 앞에 펼쳐질 것입니다. 무수한 봄꽃이 진 자리마다 열매가 맺히는 여름이 곧 다가오겠지요. 시어머니께서는 부추밭과 마늘밭으로 부단히 움직이면서 그분의 팔과 무릎에서는 푸른 잎이 돋아날 것입니다. 손가락 사이로 자연과 교감하

면서 푸른 물결을 일으키는 모습을 황홀하게 바라볼 것입니다. 그리고 제 삶도 꽃 피고 열매 맺는 나무처럼 그렇게 살아갈 수 있도록 기도합니다. 화사한 봄꽃도 아름답지만 그 꽃도 시간이 되면 미련 없이 그 자리를 내어주어야 열매를 맺을 수 있을 것입니다. 이것이 자연의 이치이고 순리입니다. 저도 그런 삶을 살고 싶습니다.

—〈열매〉 중에서

이선애의 〈열매〉는 작가가 휴일을 맞아 시가의 농사일을 도와줌으로써, 농촌의 삶을 이해하는 작가의 의식을 드러내고 있다. 작가는 이 글에서 막내동서와 비교하여 자신을 낮춤으로써 참된 인간됨을 보여줄 뿐만 아니라 동시에 자신과 어머니를 견줌으로써 며느리로서의 겸허함을 통해 윤리적 책무를 겨냥하는 성숙된 모습을 보인다. '그에 비하면 저는 일하다가도 보랏빛 자운영에 한눈을 팔고 하얀 조팝꽃을 꺾어 내려옵니다. 노오란 양지꽃을 보다가 남새밭 가는 길에 자꾸만 뒤처지는 그런 사람이지요. 토끼풀을 따서 책갈피에 넣었다가 누름꽃을 만들어 엽서를 쓰기를 좋아하는 철부지입니다.' 라는 솔직한 진술은 작가의 청초하고 정결한 마음의 표시인 것이다. 그러면서 자연을 읽고 인생을 생각하며 해석하기에 이른다. 자연과 교감하며 살아가는 시어머니의 삶을 자연의 일부로 인식하면서 작가는 자신의 삶도 꽃 피고 열매 맺는 나무처럼 그렇게 살아갈 수 있도록 기도한다. 자연을 꿈꾸며, 그리고 자연의 품에 안기고자 하는 작가의 자연친화 의지가 얼마나 강한지 알 수 있는 대목이다. 이 수필이 갖는 문학적 가치는 자연과의 교감을 폭넓게 해서, 제재를 통해 주제를 문학적으로 구축하는 데서 찾을 수 있다.

수필은 재생적 상상을 통해 체험을 그대로 나열하는 것이 아니라 생활 경험을 미학적 정서로 표현하는 데에서 그 맛이 우러나는 글이다. 열매는 결실의 상징이다. 농사일에 대한 자신의 무지를 인정하면서, 자연을 닮은 삶을 살겠다는 야무진 자세나 순리를 좇아 살겠다는 자세에서 순수한 인간의 향기가 묻어난다.

> 요즘은 시골아이들도 먹는 풀과 나물을 잘 모릅니다. 심지어 고사리와 냉이를 모릅니다. 아이들이 적어도 먹는 풀과 못 먹는 풀을 구별할 수 있어야 한다고 생각합니다. 살아있는 지식이란 이런 것이 아닐까요? 우리 교육은 생물 시간에 고사리의 생태는 배우지만, 산에 핀 고사리를 찾아내지 못합니다. 무엇이 문제일까요? 고들빼기를 앞에 두고 생각 한 자락도 함께 캐고 있습니다.
>
> —〈고들빼기를 캐며〉 중에서

위대한 철학은 호기심에서 시작한다는 말이 있다. 수필 〈고들빼기를 캐며〉에서 작가는 살아 있는 지식이 무엇인가에 대한 성찰을 구체적 경험에 기대어 수놓는다. 물론 이 수필의 공간적 배경도 강마을이다. 작가는 학교 화단에 핀 잡초를 뽑고 고들빼기를 캐면서 '요즘은 시골아이들도 먹는 풀과 나물을 잘 모릅니다. 심지어 고사리와 냉이를 모릅니다.' 라는 대목에서 멈춰 생각 한 줄기를 캔다. 시골 아이들이 고사리와 냉이도 구별을 못 한다는 진술 속에는 교육자로서 진지한 고민이 숨어 있는 것이다. 그녀는 지금까지 살아온 자연친화적 삶에 대해 성찰한 결과를 수필로 쓴 사람이기에 인생의 깊이를 가진 사람이다. 누구보다도 깊이 있는 자기 반성을 통해 사물에 내재한 본질이나 본성을 파악하고자 하는 데 있어 조금도 부끄러움을 느끼지 않는다. 그녀는 풀잎 같은 감성으로 시골생활을 수필 속에 용해하고자 한다. 내면을 숨기지 않는 데서 그녀의 솔직함을 엿볼 수 있다. 이런 진솔한 삶의 자세는 수필은 인간학이어야 한다는 대명제에 부합한다. 이 수필에도 강마을에서 살아오면서 얻은 인생의 지혜가 서려 있다. 다시 다른 작품 속으로 들어가 보자.

> 어려운 일이 일어날 때면 자신을 향해 계속 생채기를 내고 오늘의 그림자인 어제를 향해 계속 자책하는 것은 무척 잘못된 일이란 반성을 하였습니다. 자신이 꾸었던 꿈을 잊고 있었습니다. 어제는 그저 오늘의 그림자인 것을. 그리고 내일은 다가올 오늘인 것입니다. 내일은 오늘이 꾸는 꿈입니다. 하루하루를 최선을 다해 살아야겠다고 다짐을 해 봅니다.
>
> 황사 섞인 바람이 요동치는 강마을에 어디선가 연분홍 꽃잎 하나 창문에 날아드는 봄날입니다.
>
> —〈오늘이 꾸는 꿈〉 중에서

그녀의 수필은 전체적으로 차분하다. 잔잔하나 뜨겁다. 작품의 분위기를 뜨겁게 달구는 것은 '오늘에 대한 철학적 해석' 이기도 하고. '꿈' 이기도 하다. 그러나 작가는 어려운 일이 일어날 때면, 자신을 향해 생채기를 내고, 어제에 기대어 과거를 현재화하는 것을 내버려두지 않는다. '어제는 그저 오늘의 그림자에 불과하다' 는 생각을 하면서 현재를 중시하고자 한다. 이선애에게 있어서 하루하루

최선을 다해 살아야겠다는 다짐은 인간이 어떠한 자세와 태도로 살아야 할까를 보여주는 대목이라 하겠다. 작가는 어제와 오늘, 양자 대비를 통해 과거와 현재의 관계를 연속선상에 놓고 오늘의 중요성을 강조한다. 개인의식에서 출발하여, 수필의 중간 어딘가에 꼭 사회의식을 노출시키는 그녀의 수필적 특성은 그래서 잔잔하기도 하면서 날카롭다는 것이다. 수필의 묘미는 이런 균형 잡힌 시각에서 나온다.

사람은 평생 동안 끊임없이 방황을 거듭하고 뒤척이며 산다. 그것은 보다 가치 있는 것을 찾아 헤매는 일종의 순례일 수도 있다. 사람은 누구나 순례자의 꿈을 안고 산다. 작가에게 '꿈'은 앙금처럼 가라앉은 영혼을 일깨우는 질료다. '황사 섞인 바람이 요동치는 강마을에 어디선가 연분홍 꽃잎 하나 창문에 날아드는 봄날입니다.' 라는 표현은 일상의 권태를 전지하고자 하는 낯선 시각이다. 세상과의 소통을 예고하는 문학적 장치를 수필 창작에 잘 활용하고 있는 것으로 볼 때, 우리 수필의 기대주임에 분명하다고 하겠다. '여기' 와 '지금' 을 중시하는 삶의 지향만으로도 이 수필은 즐거움을 준다.

누구나 아름다운 말을 좋아합니다. 아이들의 눈을 맞추고 "너 참 예쁘다." 이렇게 말하면 그 말의 씨를 금방 알 수 있습니다. 아이의 눈이 가늘어지면서 웃음이 빙글빙글 피어나니까요. 긴 시를 외운 아이에게 칭찬의 말을 하면서 작은 선물을 주었더니, 피시식 부끄러운 미소가 피어나더군요. 목소리가 예쁘다는 한 마디에 책 읽기 할 때면 눈이 반짝반짝 빛이 납니다. 이렇게 아름다운 말은 웃음의 꽃과 희망의 잎이 무성해지는 따뜻한 씨앗입니다. 그렇지만 저는 이런 일을 너무 잘 알고 있지만 실천을 잘 못 하는 날이 더 많습니다.

—〈마음에 씨를 심으면〉 중에서

이 작품 속에 드러나는 작가의 사상은 긍정미학이다. 격려는 삶의 나침반이다. 수필은 한마디의 문학이다. 말을 씨앗으로 의미화해서 그녀는 언어의 동역학을 보여주고자 한다. 작품 속의 중심 사상을 의미화하는 한 마디 문장이 생명적이다. '아름다운 말은 웃음의 꽃과 희망의 잎이 무성해지는 따뜻한 씨앗입니다' 라는 진술은 이 수필의 전모를 한 줄로 일반화시킨 대목이다. 칭찬을 하면 미소가 피어난다는 진술이 이 수필의 주제의식을 더욱 구체화해 주기에, 이런 부분과 전체의 절묘한 조화가 문학 수필의 멋을 전해준다고 하겠다. 〈봄눈〉에서도 말의 힘을, 따뜻한 말, 칭찬의 필요성을 역설하고 있는 것으로 볼 때, 작가는 언어의 힘을 믿는 것 같다. 여기서 눈여겨볼 것은 자아를 찾아가는 작업이다. '그렇지만 저는 이런 일을 너무 잘 알고 있지만 실천을 잘 못 하는 날이 더 많습니다.' 라는 대목은 자기 속에 채색되어 있는 가치를 다른 세계와 비교하고 견주는 행복한 발걸음이다. 무의식의 저편에 순진한 모습으로 서 있는 자신을 만나는 일은 어떠한 종교에 심취하는 일보다 의의가 있고 가치 있는 일이다.

〈그저 얻어지는 것은 없다〉, 〈우연은 없다〉, 〈곡우 무렵〉 등의 작품도 순리와 성찰을 강조하고 있다. 특히 〈우연은 없다〉라는 작품에는 세상을 보는 작가의 눈에 우주의 원리가 녹아 있다. "모든 일에는 대가를 치르는 것입니다. 저 역시 고등학교 시절 철없던 자신을 반성합니다. 부끄럽게도 존경하지 못했던 많은 선생님들께 늘 죄송한 마음을 가집니다. 이따금 버릇없이 구는 아이들을 보면서 낯설지 않게 느끼는 것은 어린 시절의 제 모습이 교차되어서일 것입니다. 세상에는 그저 얻어지는 것이 없습니다. 우주의 원리일 것입니다. 우주에는 공짜 점심이 없다는 어느 작가의 말이 귀에 쟁쟁한 초봄의 저녁시간입니다."라는 진술로 그녀는 정치권의 포퓰리즘에 의해 생겨난 무상파티 정책으로 정작 필요한 곳에 예산이 가지 못해 절름발이가 된 교육 현장을 생생하게 고발하고 증언하고 있다.

III. 생태적 상상력과 철학적 사유

이선애 수필의 핵을 이루고 있는 또 하나의 그림자 형상은 '생태적 상상력'이다. 생태 문제에 대한 접근 없이 지식인이란 소릴 들을 수 없을 정도로 생태에 대한 접근은 이선애의 주요 관심사가 된 지 오래다. 이선애 수필이 맛을 주는 것은 자본주의 사회에서 인간이 포기하기 어려운 욕심과 욕망을 대담하게 비워내어 수필을 통해 무욕의 미학을 보여주기 때문이다. 담담한 필치로 그려내고 있는 〈우렁각시〉, 〈웅어〉, 〈여름 화단에서〉, 〈망종〉, 〈밤꽃 내음이 무성합니다〉, 〈그리운 것들〉에 보이는 풍경은 절경이 되어 우리의 인지시스템을 편안하게 해준다. 그녀는 계절과 계절이 교접하고 변하는 순간에 이전의 기억을 잊고 새로운 변화에 순순히 몸을 맡기는 가벼운 여자가 아니기 때문이다. 자연과 조화를 이룰 수 있는 무욕의 삶에 대한 가치를 강조하는 이선애의 글에서 우리는 조화와 양보로 특징지워지는 생태계의 법칙을 발견할 수 있다.

'인간의 적절치 못한 동식물의 유입은 생태계의 불균형을 초래하기도 하고 심지어 인간의 생존권을 위협하고 생태계가 파괴되기도 합니다.' 라는 작가의 생태관과 '생명의 존엄성에 대해 너무나 무지하였습니다. 이제라도 이역만리에서 우리 생태계의 상황을 고려하지 않고 무지하게 인간의 이익만을 위해 동식물을 함부로 들여오는 것에 신중해야 하리라.' 는 생명사랑에 대한 신념이 드러난 수필이 바로 〈우렁각시〉다. 〈웅어〉에서도 역시 '누구를 원망할 것이 아니라 개발의 논리에 밀려 버려 놓았던 우리의 환경은 어느새 우리에게 물고기가 돌아오지 않는 강으로 되돌려준 것입니다.' 라며, 작가는 무자비한 개발논리에 밀려 파괴되어가는 자연에 대해 안타까움을 놓는다. 인간이 아닌 다른 생명체의 발신음을 듣겠다는 자세야말로 작가가 가져야 할 생태적 세계관이다. 자연과 교감하면서 차츰 깨닫게 되는 생명의 가치, 그것이 공감대를 획득하기에 그녀의 수필은 호소력을 갖는다.

최근에 이르러 생태계와 경제활동의 상호작용 과정에서 큰 문제들이 발생하기 시작하였다. 지역적인 환경파괴에서부터 전 지구적 차원의 생태파괴에 이르기까지 인간의 경제활동이 지구생태계가 지탱할 수 있는 위험 수위를 넘나들고 있다는 우려와 비명이 여기저기서 터져 나오고 있다. 특히 자연환경을 고려하지 않는 재개발은 환경 파괴의 주범이 되고 있다. 이선애는 이런 현상을, '대부분의 강은 하구둑으로 막혀버렸거나 하천 정비 사업과 골재 채취, 수중보 설치 등으로 강 주변 환경이 파괴되고 말았습니다.' 라고 표현하였다. 본래의 목적이 변질되고 퇴색된 재개발에 대한 부정적인 시각이 노출되고 있다. 이는 인간의 경제활동이 생태계와 생태학적 원리를 고려하지 않은 채, 눈앞의 이익에만 몰두하는 근시안적 시장원리에 의존한 결과이다. 이러한 급박한 상황 속에서 강마을 작가답게 생태학에 관심을 갖도록 분위기를 조금씩 만들어 가고 있는 것은 다행이라 하겠다. 인류 사회는 궁극적으로 평화와 생태를 지향해야 한다는 알트의 주장은 이러한 문제의식을 단적으로 보여준다. '우렁각시'나 '웅어'를 제재로 생태적 세계관을 피력한 수필은 제목에서 보더라도 그 힘이 느껴진다.

> 집에 도착해서도 우렁이가 생태계를 교란할 수 있다는 생각에 괴로웠습니다. 우리의 자연은 각 지역의 환경과 서식 조건에 따라 동식물이 그에 맞게 진화 번성하였습니다. 인간의 적절치 못한 동식물의 유입은 생태계의 불균형을 초래하기도 하고 심지어 인간의 생존권을 위협하고 생태계가 파괴되기도 합니다. 인간들이 저지른 잘못으로 인한 대표적 생태교란 사례를 살펴보면 해충의 박멸을 위해 보급된 호주의 두꺼비로 인간의 오만한 편견은 곧 화를 불러오게 되었습니다. 식성이 좋은 이 두꺼비 떼는 해충뿐만 아니라 자연의 먹을 수 있는 모든 것들을 집어삼키기 시작합니다. 또한 두꺼비 본연의 독은 매우 강해서 자연 상태에서 천적이 거의 없어 지금은 정부 차원에서 이 두꺼비를 몰아내기 위해 해마다 두꺼비 잡기 캠페인을 벌이고 있다고 합니다. 다른 나라의 예를 들지 않더라도 우리나라 역시 생태계 교란에 대한 대책도 없이 들여온 수많은 외래종에 의해 우리의 토종 생물들이 그 존재가 위태롭습니다.
>
> ―〈우렁각시〉 중에서

오늘날 인간의 생존을 위협하고 있는 환경문제는 단순히 자연세계 내에서의 문제로만 접근할 수 없다. 인문학 열풍으로 각지에서 토포필리아적 가치가 고양됨에 따라 환경운동이 활발하게 일어나고 생태의식이 일반대중에게까지 광범위하게 확산됨에 따라 강마을 작가의 수필에서도 자연히 환경문제에 대한 관심이 점점 중요한 자리를 차지하게 된다. 이선애의 자연 생태 수필은 두 가지 특성을 동시에 지닌다. 하나는 현실의 문제를 외면하고 자연 속으로 침잠하여 자연의 신비와 아름다움을 노래하는 전통을 그 특징으로 하고 있는가 하면, 자연을 노래하되 파괴된 자연을 노래함으로써 오히려 현실의 문제를 비판하는 모습을 보여준다. 이렇게 된 연유는 물론 자연의 변화에 기인한다. 어디에고 순수한 자연은 남아 있지 않고 눈 돌리는 곳마다 모두가 파괴된 자연만이 존재하기 때문에 자연을 있는 그대로 노래하는 수필은 자연히 현실을 비판하는 정치적 성격을 띨 수밖에 없게 된 것이다. 〈우렁각시〉는 자연 그대로의 눈으로 자연을 관조하면서 현실을 비판하는 모습이 드러나 보이는 수필이다. 이 수필의 특이한 점은 '반전의 원리' 에 의해 한 편의 수필이 제작되고 있다는 것이다. '그러나 자연은 우리가 생각한 대로 되는 게 아닙니다. 생명의 존엄성에 대해 너무나 무지하였습니다.' 라는 대목이 이를 증명한다. 이선애의 수필은 결말부에 가서야 메시지의 색깔이 드러난다는 데서 또 하나의 매력을 찾을 수 있다.

생태계의 법칙은 무엇일까요. 여릿여릿 보이는 작은 풀꽃 하나도 살아남기 위해 온힘을 다하여 전략을 세웁니다. 꽃다지와 봄까치 꽃과 광대나물들은 새봄이면 누구보다 먼저 손톱보다 작은 꽃을 피웁니다. 봄눈이 미처 녹기도 전에 살기등등하던 겨울이 기세를 꺾어 버릴 즈음이 되면 어느새 볕바른 양지에 노랗고 붉은 작은 꽃을 피우는 것입니다. 키 큰 떨기나무는 그 큰 덩치 때문에 봄을 준비하는 기간이 길어집니다. 하지만 몸 가볍고 부지런한 풀꽃들은 부지런함을 무기로 틈새시장을 공략하는 것이죠. 스스로 더 강하게 진화하여 키 큰 나무들이 본격적으로 성장을 시작하기 전, 하얀 봄눈 사이로 눈을 녹이며 피어나는 노란 복수초의 처질한 아름다움은 우리들을 언제나 감동시킵니다.

—〈여름 화단에서〉 중에서

이선애의 수필이 '지금, 현재, 여기'를 지향하면서 '있어야 할 것'들에 관심을 놓고, 수필의 테마를 '에코와 바이오'로 설정한 것은 매우 바람직한 일이 아닐 수 없다. 프란츠 알트가 생태학과 경제학간의 결합이라는 문제의식을 단순한 이론 차원이 아니라 구체적인 현실 상황 속에서 접목시키고 있는 차원에서 이선애가 생태에 주목한 것은 당연한 처사다. 〈여름 화단에서〉에서 인간을 중심으로 하는 자연 환경의 관점이 아닌 모든 생명체와 인간이 동일한 가치선상에 있다는 생태 자연의 관점으로 '생태의 법칙'을 상기시키고 있다는 것은 수필가의 의식이 그만큼 높아졌다는 것을 의미한다. 수필은 생태문학의 가능성을 확보함으로써 수필의 위상은 물론 수필가의 위상도 높일 수 있다. 왜냐하면 문학에서 인식이 없다는 것은 영혼이 빠져나간 신체를 의미하기 때문이다. 생태적 세계관 속에서 이선애의 관심이 생명을 향하는 것은 작가적 사명을 다하는 일이다. 그것은 궁극적으로 인간의 삶에 대한 사랑으로 변용될 것이기 때문이다. 생태와 생명에 대한 의식이 절실한 이때, 이선애가 여성수필의 한계를 뛰어넘는 좋은 생태수필로 자연보전의 가치를 드높이고 있는 것은 우리 수필가들이 본질적 문제에 눈을 떴다는 것을 의미 있는 일이기 때문에 바람직하다고 하겠다.

> 한겨울의 들판은 긴 침묵을 누리는 빈 논을 보는 것이 아니라, 하얗게 줄지어 선 비닐하우스가 숲을 이룹니다. 그래서 이제는 '농한기'라는 말이 농촌에서 사라져가고 있습니다. 그렇지만 농촌의 검고 붉은 흙과 마주하면 존경의 마음이 생겨납니다. 수많은 곡식과 채소의 씨를 싹 틔우고 자라게 하는 힘은 과연 어디에서 나오는 것일까? 어릿어릿한 선생인 내가 그런 땅의 마음으로 세상의 모든 씨앗들을 품어 키울 수 있으면 얼마나 좋을까요? 올곧고 튼실한 씨앗도 품어서 키우고, 조금 비고 여린 씨알은 좀 더 잘 자라게 실핏줄 같은 가는 뿌리에 힘을 돋우어 줄 수 있으면 얼마나 좋을까요!
>
> —〈흙의 가슴〉 중에서

수필을 원숙한 인생의 문학이라고 하는 이유는 위의 작품에서처럼 작가가 순간순간의 삶에 보다 성실하고 스스로 부끄럽지 않은 각고의 노력을 해나가려는 데서 찾을 수 있다. 생활을 통해서 자아 심성을 드러내며 대상의 완상을 통해 자기 자신을 성찰하고 그 의미를 인생의 이해와 결부시켜냄은 곧 인생을 폭넓게 해석하려는 생활인의 몸짓이다. 작가는 세상의 모든 씨앗을 품어 안는 땅의 마음으로 아이들을 대할 수 있었으면 하는 인간적인 소망을 흙을 보며 갖는다. 인생 저편에서 사물을 통해 사상을 관조하고 거기에서 지혜를 터득하는 이야기를 수필화하는 작품이 많다는 것은 그만큼 이선애의 글이 실존적이란 말이다. 교사로서의 품성과 자질을 땅의 마음에 견주어 표현하는 것은 그만큼 작가의 문학적 재능이 뛰어나다고 볼 수 있다. 이런 철학적 사유는 일상을 지나가는 관성이 아니라 창조적 존재로 끌어올리기 위한 의지의 확산으로 보이기 때문에, 환영할 만한 일이다. 이선애는 자기 삶을 표현함으로써 스스로를 변화시키고 스스로를 향상시키려 한다. 그런 고로 사물 속에서 우주의 진리를 발견해 내려는 철학적 사유는 가장 뜻깊은 삶의 창조적 기능이라고 하겠다.

IV. 일상성의 행복과 인연의 미학

크게 보면, 이선애 수필은 사람 사이의 '인연'이 중심이 된 일상을 그리는 글이다. 수필의 존재 가치는 인간의 삶과 함께 빛을 발한다. 문학이 인간을 위해 존재한다는 것은 결국 문학은 사회 현실 속 생활인들의 공유체험을 형상화함으로써 궁극적으로는 '인간 구원'에 기여해야 한다는 의미다. 그러나 협의로 보면, 문학은 미를 추구하는 글이라 할 수 있다. 그래서 수필을 쓰는 데 있어 '미의 추구'는 첫 번째 본질로 중요시되고 있다. 일상성 또한 문학의 밑바탕이 되는 요소로서 문학의 성패를 좌우한다. 대상에 대해 인정을 흘리는 일, 그리움을 갖는 일, 추억의 세계 속으로 빠져 인생을 주관적으로 바라보는 일 등이 이선애의 주된 작업이다. 수필적 미학은 화려한 문장에 있지도 않고, 거창한 주제나 경이로운 소재에 있지도 않다. 대상을 너그럽게 바라보는 관조의 눈 속에 배어 있는 따스한 정이 독자의 누선을 자극할 때 완성되는 것이 수필미학이다. 그래서 수필가는 정이 풍부한 사람이어야 한다는 것이다. 물상을 사랑하는 마음으로 볼 줄 알아야 글에 공감이 묻어난다고 할 수 있다. 이런 논리를 뒷받침하는 대표적인 수필이 〈생성과 소멸의 경계〉다. 비워야 채울 수 있다는 평범한 진리를 실천하면서 무욕의 삶을 추구하는 '비움'의 자세에서 우리는 또 한 번 가슴을 매만지게 된다.

> 비어 있다는 것은 다시 무엇인가를 담을 수 있을 것입니다. 비어 있는 공간, 비어 있는 마음, 비어 있는 삶은 어떤 것일까요? 우리는 끊임없이 무엇인가를 채우기 위해 노력합니다. 화장대에 바르지 않는 립스틱이 있고, 들지 않는 가방들이 있고, 쓰지 않은 수첩들이 몇 개나 있고, 보내지 않은 편지지 뭉치가 발견됩니다. 일 년에 몇 번 사용할지 모르지만 꼭 필요해 보여 샀던 전기오븐, 요구르트 만드는 것, 쥬스기, 커피를 내리는 기계, 작은 찜질기…. 옷장을 열어보면 더 많은 옷들이 걸려 있습니다. 일 년에 한 번도 입지 않는 코트, 스카프, 머플러. 그리고 서랍을 열어보면 옥색 개구리 모양의 반지, 팔찌, 목걸이가 수북합니다.
>
> —〈생성과 소멸의 경계〉 중에서

이 수필은 인간의 끊임없는 탐심을 경계하는 수필이다. '비움'보다도 '채움'에 매달린다는 것이다. 이 수필은 비워내야 채울 수 있다는 교훈을 말해준다. 그 비어 있음의 공간은 무욕을 나타내고 있으나, 불필요를 의미하기도 한다. 작가는 필요에 대한 성찰을 통해서 공존할 수 있음의 근거를 확보하는 것이다. 비움으로써 수용의 미학이 싹튼다는 진리는 누구나 안다. 이 수필의 매력은 비움의 가치를 '이렇게 많은 물건들을 옆에다 나를 가두어 두고 어리석게도 삶을 비워가리라 생각만하면서 '노자 도덕경' 을 읽습니다. 이렇게 채우지 못해 안달하는 자신이 부끄럽고 미안하고 한심합니다.' 라는 진술을 통해 사유를 반성으로 연결시킨 데서 찾을 수 있다. 발견을 통한 상관화 그리고 성찰로 이어지는 창작 과정이 문학성을 구축해주기에 좋은 수필이라는 것이다. 삶의 질적 변화가 인간에게 반드시 행복을 안겨주는 것은 아니다. 부의 획득만큼 그보다 더 많은 것을 잊고 잃어야 하기 때문이다. 현대인의 비극은 여기서부터 시작된다. 작가가 〈생성과 소멸의 경계〉를 통해 말하려는 궁극적 가치는 과욕으로부터 바로 비극적 삶의 시초를 근원적으로 차단하려는 이유다. 서랍 속에는 일 년에 한 번도 사용하지 않은 보석이 수두룩하다는 작가의 고백은 비우는 것만으로도 행복할 수 있음을 암시한다고 하겠다.

기억의 뿌리를 움켜쥐고 살 수 있다는 사실은 행복한 일이다. 수필은 잊을 수 없는, 결코 잊어서는 안 되는 추억을 글로 그리는 그림이다. 잊고 있던, 기억의 저편 모습을 드러내는 여러 일들을 서정어린 그림으로 펼쳐 보일 수 있는 것은 이선애 수필에서만 느낄 수 있는 묘미다.

벌써 7년 전, 아버지를 보내고도 봄은 일곱 번이나 되풀이되었습니다. 친정아버지를 하얀 찔레꽃이 피는 언덕에 두고 내려올 때 생긴 제 울음의 강은 그때부터 흐르기 시작하였습니다. 하얀 찔레꽃만 보아도 내 마음에는 왜 그렇게 샘이 많은지 울음이 낮게 낮게 흘러 갔습니다. 하얀 모시옷자락만 보여도 그 울음의 강은 마르지 않았고, 긴 슬픔도 더 세월이 흐르면 아득한 바다에 도착해 있었습니다. 하지만 아래로 아래로 흐르는 무거운 아픈 울음이 아직은 저기 아득한 들판을 달리고 있습니다. 안으로 다스려온 슬픔이 더 이상 차마 견디지 못한 것입니다.

—〈오리나무와 찔레꽃〉 중에서

계절의 순환과 함께 찔레꽃 단상을 통해서 '친정아버지' 의 모습을 반추하는 일은 자식의 입장에서는 큰 기쁨이며, 아픔이기도 하다. 그 누군가의 절대적 사랑을 주었거나 받은 것은 기쁨일 수 있지만, 그분에 대한 기대에 미치지 못했거나 다시 볼 수 없는 것은 아픔일 수밖에 없는 것이다. 이선애의 글에 '어머니' 와 '아버지' 가 많이 등장한다. 그것은 그녀의 가슴 안에 두 분의 존재가 너무나 뚜렷한 기억으로 남아 있기 때문이고, 헌신과 희생으로 자식을 위해 살았기 때문에 지금 와서 부모님에 대한 고마움이 그녀를 그렇게 만들었을 것이다. 그런 아버지가 더욱 눈에 밟히는 것은 당연하다고 하겠다. 아이들의 웃음을 들으며 친정아버지 생각을 가슴속에 채우는 것은 이 세상에 영원한 것은 존재하지 않는다는 사실에 대한 확인이고, 자신도 언젠가는 떠날 수밖에 없는 존재라는 것에 대한 준비이자 연습인 것이다. '순수를 머금은 아이들이 연출하는 웃음꽃 속에서 생명에의 순수를 배웁니다. 아버지를 잃은 슬픔의 고통 속에서 쓰러질 것 같을 때면 아이들이 주는 환한 웃음꽃 줄기 그 한 끄트머리를 붙잡고 견뎌온 나날이 아니었던가.' 라는 대목에서 보여준 작가의 사부곡은 강한 호소력을 갖는다. 이는 나이가 들어감에 따라 종전의 광경을 찾아볼 수 없는 상황을 그리워하고 있음에 대한 반증이기도 하다.

> 당신 나이 이제 육십을 코앞에 둔 젊디젊은 아버지를 보내는 저는 슬프기보다 억울하였습니다. 저보다 더 일찍 더 아프게 부모님을 여읜 사람도 있을 것입니다. 그러나 분별을 잃은 저는 무조건 분하고 억울하여 아버지 무덤 옆에 핀 하얀 찔레꽃만 노려보았습니다. 이제 저는 다른 이의 환갑잔치며 칠순잔치엔 가기 싫습니다. 괜한 시샘에 제 맘속에 또 하얗게 찔레꽃이 피어 마음 한구석을 찔러 버립니다. 하지만 봄날이 가듯 세월이 흐르면 이 가시도 무뎌지고 제 마음에 핀 꽃도 시들겠지요.
>
> —〈마음보다 먼저 계절이 가버립니다〉 중에서

이선애 수필의 특징 중에서 가장 강한 색채를 가지는 것은 그리움의 서정성이다. 〈마음보다 계절이 먼저 가버립니다〉는 작가가 산소 주변에 무수히 핀 찔레꽃을 보면서 너무 일찍 세상을 버린 아버지를 그리워하는 글이다. 작가는 아버지에 대한 그리움을 자연물의 형상으로 그려내는 데 성공한다. '아버지를 보내는 길에 찔레꽃은 흰옷을 입고 처연하게 피어 있었습니다.' 라는 표현이 그렇다. 그녀의 글에는 한결같이 다정다감한 인정이 녹아 있고, 그 인정으로부터 삶의 의의를 깨닫는 작가의 인간적 체취가 드러난다. 한 마디로 그녀의 작품은 인간의 내면을 흐르는 인정의 강물이다. 멋진 수필가는 제재를 가지고 주제를 겨냥하는 사람이라고 했다. 이선애는 제재를 가지고 주제를 겨냥하는 솜씨가 보통이 넘는다. 이 작품의 마지막 멘트, '싱그러운 첫여름이 저 멀리서 다가서고 있습니다. 제 마음은 아직도 봄의 한 자락을 잡고 있는데 마음보다 계절이 먼저 가버립니다.' 라는 표현은 '봄의 찔레꽃' 으로 상징화된 것이 아버지이기 때문에 이 진술을 보면, 금방이라도 어떤 내용인지 잘 알 수 없을 것 같지만 실상 글을 전체로 소화하고 나면, 제재란 하나의 비유나 상징으로써 주제의식을 드러내기 위한 문학적 장치로서의 수단이나 도구가 된다는 것을 알게 된다.

> 마늘을 뽑았습니다. 저는 오전에 뽑고 점심 준비를 하였기 때문에 힘이 덜 들었습니다만, 장정들은 온통 흙투성이가 되어 나타났습니다. 송장도 일어나 일을 거든다는 농사철입니다. 하지만 일손이 모자라 도시에 있는 아들, 며느리가 와서 돕지 않으면 그 일을 누가 할지 참 걱정스럽습니다. 두 노인네는 일을 하면서도 아들과 며느리, 손자들이 거드는 것이 좋으신가 봅니다. 흐뭇한 웃음이 흐릅니다. 맛난 점심상을 두고는 웃음꽃이 피었습니다. 농사가 많지 않은 탓에 오후엔 잠시 다디단 낮잠도 잤고요.
>
> —〈밤꽃 내음이 무성합니다〉 중에서

자연으로부터 느낀 정서의 문학적 형상화가 빛나는 수필이다. 그녀는 자연을 끌어들여 순수하고 아름다운 꿈의 세계를 아련히 그리워하는 낭만적 분위기도 연출하면서, 자연 자체에 눈길을 고정시키지 않는다. 날카로운 시선으로 자연을 관조하고 거기서 깊은 명상의 세계를 얻는다. 사물을 포착하여 관조의 세계로 끌어들이고, 그

것은 곧 현실의 삶에 투사된다. 이 수필의 제재인 '밤꽃 내음'은 시골이라는 공간과 시어른이라는 실체의 향기를 부여한다. 작가의 '송장도 일어나 일을 거든다는 농사철입니다.'라는 표현에 주목해 볼 필요가 있겠다. '밤꽃 내음은 교무실 창가에 매달려 있습니다. 밤나무는 과실나무 중 가장 늦게 꽃 피우고 가장 먼저 수확을 하는 나무입니다.'라는 표현에는 농사지으며 사는 시어른들의 모습을 떠올리게 한다. 정직한 땀의 가치를 믿고 농사를 지으며 자연의 순리에 따라 살아가고 있는 시어른의 순박한 모습에 대한 찬사가 우리 삶을 살찌우게 할 것 같다. 이를테면 자연의 대상 앞에 선 작가는 자연의 완상을 즐기는 낭만주의자가 아니라 삶의 본질을 꿰뚫어 보려는 진지한 모습의 철학자가 된다는 것이다. 따라서 그의 수필은 전혀 교시적인 분위기를 주지 않으면서도 결과적으로 교시라는 문학적 기능을 손색없이 수행한다고 하겠다. '유월에 흰 먼지털이 같은, 농악대 상쇠의 부포상모 수술 같은 꽃이 지면 이내 추석 즈음 햇밤이 나올 것입니다. 꽃 피고 열매 맺는 기간이 참 짧습니다.'라는 표현에서도 수필 미학을 발견할 수 있다. '밤꽃 내음'은 작품 속 인물과 삶의 특징을 간접적으로 보여주기 위한 문학적 장치다. 정서의 물화를 통해 문학의 맛을 주기 위함이었던 것이다.

V. 욕망하는 주체와 견고한 자화상

누구에게나 가장 큰 관심의 대상은 자신의 삶일 수밖에 없다. 이선애의 작품을 통해 알 수 있는 삶의 특성은 욕망하는 주체에 대한 관조에 있다. 수필은 응축된 정서와 사상의 지도다. 인간은 자연과 사회 환경 그리고 정신이라는 삼각의 동그란 지도의 중심에 위치하고 있다. 개인적인 삶을 바탕으로 작성되는 그 지도에는 작가가 거처하고 있는 위치가 선명하게 표시되어 있다. 바로 견고한 주체의 자화상이다. 이선애의 자화상은 〈욕망의 주체〉에서 '광대나물 꽃'과 〈당혹스런 봄〉에서 '나비춤'에 비유된다. 날카로운 작가의 인식이 돋보이는, 수필 〈나비를 보다〉에서 작가는 '꽃'과 '나비'를 대조하면서 욕망의 근원으로 달려간다. 그 접근 과정에서 인용하고 있는 장자의 '나비 꿈 이야기'가 공감을 자아낸다. 꽃의 성장 과정과 나비의 진화 과정이 아픔을 동반하고 인내를 필요로 한다는 점에서 동일하다는 인식이 더욱 미덥다.

인간은 자연과 사회의 두 가지 환경에 적응하지 않으면 안 되는 것이므로 그만치 고생이 많을 수밖에 없다. 작가는 〈나비를 보다〉에서 이와 같은 인식을 보여주고 있다. 중요한 것은 이기심을 가지고 그대로 생활할 것인가 말 것인가의 선택권을 본인의 자유의사에 맡겨 놓고 있는 것이다. 인간의 자유의지는 지식이 많고 능력이 불어나면 욕심이 불어나 이것도 하고 싶고 저것도 하고 싶다는 욕망이 확대된다. 이러한 욕망의 확대가 사회적 갈등을 일으킴으로써 나타나는 것이 어두움의 그림자다. 차이와 다양성에 대한 인정을 통해 민주 시민 나아가 세계시민으로서의 교양을 획득해가는 그녀에게 갈등이나 어두움은 없다. 공교롭게도 이선애의 수필은 이런 어둠의 그림자를 물리치려는 수필적 일상을 그리고 있어서 주목된다. 〈나비를 보다〉 등의 수필에는 이런 작가의 애타사상이 녹아 있다.

> 그리스 신화에 나오는 큐피드가 사랑하는 소녀 프시케psyche는 나비란 뜻입니다. 영혼이 있는 나비로 어떤 어려움도 견디고 자신의 사랑을 이루는 프시케의 모습은 누에고치를 찢고 나와 기어 다니는 존재에서 날아다니는 찬란한 생명체로의 변화를 보여줍니다. 한 마리의 애벌레가 나비가 되기 위해서는 스스로 고치를 짓고 그 속에서 자아성찰과 고독의 과정을 겪어야 온전한 존재가 되는 것입니다. 봄은 꽃의 계절이고 나비의 계절입니다. 꽃이 피려면 생살을 찢는 아픔을 동반하여야 하듯이 나비는 자신의 존재 가치를 확실하게 보여주는 날개를 얻기 위해 긴 침묵의 시간을 외롭게 혼자 견뎌야 하니까요.
>
> —〈나비를 보다〉 중에서

작가는 욕망의 주체로서 설 수밖에 없는 근거를 설정함에 있어 '생살의 아픔' 과 '긴 침묵의 시간' 을 활용한다. 자연 속의 미물도 이렇게 고통과 인내로 성장해가는데, 반대급부로 인간 세계는 자아성찰과 고독이 부족하다는 견해를 역설하고 있다. 사람에게 가장 귀한 재산은 인간적인 정이 아닌가. 많은 사람들이 함께 어울려 사는 속에서 저 숲속의 나무들처럼 서로 마음을 나누고, 정을 나누며 살 수 있다는 것은 누가 보아도 부럽고 아름다운 일이다. 인간의 여러 모습 중에서 가장 아름다운 모습은 자연과의 교감을 통해 주어진 운명에 순응하려는 몸짓이다. 바로 자연의 섭리에 따르려는 삶에 대한 겸허다. 물질이 정신을 지배하면서 야기된 조작된 행복관, 전도되고 도치된 가치관으로 인간의 역사는 갈등의 연속이 아닌가. 그녀가 우리에게 던지는 메시지는 '성찰' 요, '견딤' 이다. 그녀가 우리에게 보여주고자 하는 세상이 있다면, 자연의 시간으로 가는 삶의 터전일 것이다. 삶의 가치는 모든 사람에게 공통적으로 적용되는 것은 아니다. 그것을 향한 주체적 열정에 의해서 좌우된다. 욕망의 주체는 처음부터 만들어져 존재하는 것은 아니라, 그것을 필요하다고 느끼고 더욱 아름답게 가꾸려는 사람들에 의해서 완성된다. 이 수필이 우리에게 기여하는 것은 '인생은 어쩌면 견디는 것일지도 모른다'는 가르침이다. 욕망으로 주체가 되는 삶이 소중하다는 걸 작가는 나비의 꿈을 통해서 독자에게 말하고자 한다.

> 해마다 맞이하는 봄이지만 그래도 늘 새롭고 반갑지만 당혹스러운 마음을 어찌해야 할지 모르겠습니다. 기다려도 기다리지 않아도 오는 봄, 봄이 와서 참으로 고맙고 고맙습니다. 봄 하늘을 선회하는 새 한 마리 날갯짓이 이리도 고와 보이는 건 아마도 봄은 보는 계절이기 때문이 아닐까요. 찬란한 비상을 꿈꾸는 나의 시선이 높은 하늘에서 떨어질 줄 모릅니다. 겨우내 바람에 떨던 나무의 꿈을 알기 때문에 이 봄을 한껏 보듬고 싶어집니다.
>
> —〈당혹스러운 봄〉 중에서

모든 것은 보기 나름이란 걸 보여주는 수필이다. 작가는 '겨우내 바람에 떨던 나무의 꿈을 알기 때문에 찬란한 비상을 꿈꾼다'고 한다. '봄 하늘을 선회하는 새 한 마리 날갯짓이 이리도 고와 보이는 건 아마도 봄은 보는 계절이기 때문이 아닐까요.'라는 물음은 마음의 눈이 모든 것을 결정한다는 걸 말해준다. 인간이 아름답게 보일 때는 꿈을 가지고 있을 때이다. 이선애는 일상의 모든 사실에 대해 진지한 태도로 관심을 표명하는 작가다. 그녀는 어떠한 경우이든 출가외인으로서의 방관자로 남기를 거부한다. 무관심하고, 외면함으로써 홀가분하기를 소망하는 그런 사람이 아니다. 이는 그녀가 남달리 주체적인 사람임을 증명한다. 이 작품이 무엇보다 아름답게 느껴지는 것은 긍정적 세계관이며, 고통에 대한 인식이다. 누구에게나 인생의 전환점이 있다. 작가는 나무의 꿈을 알기 때문에 애써 지난 과거를 합리화한다. 과거의 고통을 그대로 인정하지 않는 상태에서는, 현실의 처지나 입장을 자기의 것과 함께하지 않는 상태에서는 그 어떠한 기운도 움트지 않는다. 오직 을씨년스럽고 황량할 뿐이다.

'강' 이라는 말은 봄 강의 수면 위로 동그란 파문들이 파르르 흩어지는 것 같습니다. '상' 이란 말 속에는 벌써 동그란 황금빛 메달들이 둥글게 나타납니다. '장' 은 시골장터의 부산하고 요란한 소리와 모양이 눈에 보이고 귀에 들립니다. 쟁그랑쟁그랑 엿장수의 가위 소리며 뻥하고 터지는 뻥튀기 장수의 요란한 폭발음이며 고소한 강냉이의 냄새가 코끝을 스칩니다. '중' 이란 말에는 파르라니 깎은 스님의 뒷모습과 면벽한 자태 위로 그윽한 향내가 생각납니다. '궁' 이란 말에는 경복궁, 창경궁의 장엄한 기와선이 눈앞에 황망히 모습을 드러냅니다. 'ㅇ' 이 갖는 둥근 느낌과 음표를 연상시키는 음률감은 우리말을 아름답고 향기롭고 상쾌하게 합니다. 봄이 오고 있습니다. 남쪽에는 매화가 한창입니다. 나비는 팔랑팔랑 'ㅇ' 음 처럼 그렇게 우리 곁을 날아다닐 것입니다.

—〈'ㅇ' 음에 대한 고찰〉 중에서

'ㅇ' 음에 대한 넘치는 작가의 개성적 인식이 차가운 겨울바람도 녹일 정도다. 현실을 긍정적으로 직시하는 건강한 사유가 아름답다. 수필은 이렇듯 대상에 대한 애정과 진정성이 돋보일 때 비로소 생명력을 얻게 되는 것이다. 인간에게 운명지워진 모든 것을 갈등 없이 수용하는 삶의 태도가 더없이 아름답게 여겨진다. 이 수필은 'ㅇ' 음에 대한 메타포를 풀어내는 데서 그 맛을 느낄 수 있다. 한글 모음 중에서도 가장 원만한 이응에 대한 응시를 통해 조화와 원만, 밝음과 활력의 가치를 예찬하는 이 글이 감동적으로 다가오는 것은 남다른 인식 때문이라 하겠다. "'궁' 이란 말에는 경복궁, 창경궁의 장엄한 기와선이 눈앞에 황망히 모습을 드러냅니다."라거나, "봄이 오고 있습니다. 남쪽에는 매화가 한창입니다. 나비는 팔랑팔랑 'ㅇ' 음처럼 그렇게 우리 곁을 날아다닐 것입니다."라는 주제의미화 진술에서 그녀의 운명론적 사상은 더욱 빛을 발한다. 자기의 진정한 모습을 발견하기 위한 것이 수필이라면, 이런 유형의 글은 나름의 역할을 다한다. 우리의 삶은 많은 시련을 통해 완성된다. 생의 완성을 기대하는 자체가 무의미한 도전이라고 볼 수 있지만, 어느 정도의 깨달음에 이르는 일도 한순간에 이루어질 수 있는 것은 아니다. 'ㅇ' 에서 나비의 날갯짓을 연상하고 자신의 꿈과 욕망으로 연결시키는 기법을 아는 작가야말로 진정한 의미의 문학적 역량을 갖춘 작가다. 이런 문학적 재능의 바탕에는 독서력과 인문학적 관심이 무엇보다도 큰 역할을 했을 것이다.

현대의 여인들도 비슷합니다. 봄이면 꽃구경과 축제를 핑계로 바다로 산으로 꽃 같은 옷을 입고 나서는 것이죠. 그 향기를 따라 젊은

> 이들이 이리저리 이리저리 뛰어다니는 것입니다. 물론, 자연의 이치에 어긋나지 않아 봄에 눈이 맞은 처녀총각이 가을에 혼례를 올리는 어여쁜 일이 생겨야 될 것입니다. 봄에는 가슴이 뛰고 가을이 그 뛰는 가슴으로 내 사랑을 거두어들여 한 가정을 이루는 삶은 찬란한 봄꽃처럼 아름답습니다. 봄꽃은 도발적입니다. 그 봄꽃의 도발에 동참하고 싶은 봄입니다.
>
> —〈도발적인 봄꽃〉 중에서

대상에 대한 애정과 성찰은 이선애 수필의 깊이를 알게 한다. 그녀는 마음이 넓은 만큼 자상하고 세심하게 주변을 살핀다. 그리고 한눈에 그들의 심중으로 들어간다. 하버드대 쿠퍼랜드 교수는 훌륭한 수필가란 방랑자요, 구경꾼이요, 게으름뱅이라고 한 바 있다. 강마을에서 '봄꽃'을 바라보는 눈길과 그 의미화가 결코 예사롭지 않다. 그래서 이선애는 훌륭한 수필가의 자질을 이미 가졌다. "봄꽃은 도발적입니다. 그 봄꽃의 도발에 동참하고 싶은 봄입니다." 이 부분은 '욕망 주체'의 진정한 의미를 함축하고 있는 말이다. '봄꽃'에 빗대어 욕망의 의미를 멋지게 형상화하는 작가의 기량이 이 수필에서 유감없이 발휘된다. 참신한 비유와 암시를 통해 독자의 상상력을 자극하기에 충분할 정도로 이 작품은 미학적 형상화가 잘 되었다. '봄에는 가슴이 뛰고 가을이 그 뛰는 가슴으로 내 사랑을 거두어들여 한 가정을 이루는 삶은 찬란한 봄꽃처럼 아름답습니다.' 이라는 말도 욕망을 구체화하는데 매우 유용한 표현이라 하겠다.

강마을의 하늘은 춘향의 쪽빛 치맛자락처럼 푸릅니다. 춘향을 생각하며 서성이는 내게 향긋한 꽃내음이 풍겨옵니다. 어디서 풍기는 향기인지 꽃송이가 잘 보이지 않습니다. 푸른 잎을 자랑하는 은목서 나무입니다. 푸른 잎 뒤로 자잘한 꽃송이가 보일 듯 말 듯하지만 그 향기는 온 학교를 감쌀 듯 풍겨옵니다. 소슬한 가을 화단에서 그 향기로 자신의 존재감을 확실하게 보여주는 은목서 나무가 춘향을 닮았다는 생각을 합니다. 서슬 퍼런 계급 사회에서 정절과 사랑이 한낱 관념이 아닌 삶의 이름으로 당당하게 말하는 그녀, 사랑을 위해 자신을 던지는 진정 자유로운 영혼입니다. 그녀가 그리운 날입니다.

—〈춘향, 그 자유로운 영혼〉 중에서

여성적 섬세함과 남성적인 강인함이 함께 공존하는 그녀의 수필 앞에 서면, 문체에서도 강한 힘이 느껴진다. 작가는 춘향 다시보기를 통해 당당한 주체로의 삶을 '은목서'에 견주어 표현한다. 이는 '주체'의 의미를 문학적으로 건져올렸다는 데서 그 가치가 크다. '도피'가 아닌 '도발'를 외치는 작가의 견고한 욕망은 근대적 성찰의 결과로 나온 인간관에 대한 새로운 수용임과 동시에 해체적인 사상에 기반을 둔 듯하다. 조선이라는 가부장적 현실 속에서 춘향의 당대 가치에 반하는 행동을 '이것이 주체다'라고 표현함으로써 인간의 도리와 규범을 새롭게 설정하려 한다는 점이 돋보인다. 주체의 전제는 '자유로운 영혼'의 소유다. 자신의 향기로 존재감을 드러내는 은목서에 춘향을 빗댐으로써, 그녀는 복잡한 우리 가슴 속에 숨어 있는 욕망의 실체를 파헤친다. 자연의 질서에 따라 욕망을 펼치되 세상에 대해 부끄럽지 않으면 그것으로 자랑스러울 수 있다. 진정한 삶의 가치는 여기에서 찾아야 한다. 이 글이 갖는 매력은 '욕망' 이란 단어가 부끄럽지 않게 느껴지게 하는 데 있다. '그녀가 그리운 날입니다.' 라는 결말부 문장이 욕망을 긍정적으로 바라볼 수 있게 분위기를 잡는다. 이런 춘향의 도발적인 성질에서 인간 본성을 찾아내려고 하는 그녀의 과감한 용기에 박수를 보낸다. 부드러운 외면에 강한 내면이 있어 더욱 믿음직스럽다.

VI. 로그아웃

이선애의 수필세계는 확실히 열려 있다. 거창한 주제나 독특한 제재의 발견이 아니라 자연으로부터 관조된 사물의 해석이 참신하고, 그것을 자신의 가치관과 세계관으로 연결시키는 발상의 신선함이 수필의 문학적 성취를 한층 더 끌어 올린다. 힘들거나 마음이 할퀴어져 있을 때면, '이것도 지나가리라' 는 구절을 생각하며 어떤 난관도 해결해 나갈 수 있다는 자신감에 찬 이선애의 인생길은 밝을 것이다. '비움', '도발', '순리', '필연' 의 가치로 버무려진 그녀의 수필은 견고한 자화상을 구축하면서, 미적 형상화는 물론 사유의 빛을 발하고 있다고 하겠다. 무엇보다도 안도감을 갖게 하는 것은 생태적 세계관과 언어의 힘을 기반으로 한 그녀의 긍정적 세계관이 지극히 한국적인 강마을 정서를 미적으로 잘 승화시켜내고 있다는 점이다.

이선애 수필의 강점은 접근성에 있다. 지금이 수필의 시대라 하지만, 수필에 대한 세인의 평판은 썩 만족할 만한 정도는 아니다.

우리 수필이 독자의 사랑을 받기 위해서는 우선 이선애 수필과 같이 인간적인 향기와 잘 발효된 맛이 있어야 하고, 새롭고 참신한 인식의 세계를 독자에게 제시해야 할 것으로 본다. 그녀의 수필세계는 서정이 물결치는 식물성 축제의 장이다. 싱그러운 감성과 순수 서정이 조화를 이룬 자유로운 영혼의 샘터다. 물푸레 나무 같은 푸른 삶과 강마을의 안개로 열리는 아침 풍경 같은 포근한 세계를 표방한다고 하겠다. 그녀만의 독특한 경어체 스타일인, '-습니다' 체도 읽는 맛을 주는 데 기여한 바 크다. 그녀의 문학적 바탕이 견고한 강마을 작가인 만큼 그녀가 보여줄 새로운 가능성에 대해 기대를 걸어 본다.

020 강마을 편지

이선애 수필집

1쇄 펴낸날 | 2015년 2월 12일
3쇄 펴낸날 | 2021년 10월 2일

지은이 | 이 선 애
펴낸이 | 오 하 룡

펴낸곳 | 도서출판 경남
주 소 | 창원시 마산합포구 몽고정길 2-1
연락처 | (055)245-8818
전자메일 | gnbook@empas.com
출판등록 | 제1985-100001호(1985. 5. 6.)
편집팀 | 오태민 심경애 구도희

ISBN 978-89-7675-966-5-03810
〔값 13,000원〕